Hubert Aquin,
agent double

LA DIALECTIQUE DE L'ART ET DU PAYS
DANS « PROCHAIN ÉPISODE » ET « TROU DE MÉMOIRE »

Collection « Lignes québécoises »

dirigée par MM. Albert Le Grand et Laurent Mailhot
professeurs à l'Université de Montréal

SÉRIELLES

Léo-Paul Desrosiers ou le récit ambigu
par Michelle Gélinas

TEXTUELLES

Saint-Denys Garneau à travers Regards et jeux dans l'espace
par Robert Vigneault, professeur à l'Université McGill de Montréal

Germaine Guèvremont : une route, une maison
par Jean-Pierre Duquette, professeur à l'Université McGill de Montréal

Jacques Ferron au pays des amélanchiers
par Jean-Pierre Boucher, professeur à l'Université McGill de Montréal

Hubert Aquin, agent double
par Patricia Smart, professeur à l'Université Carleton d'Ottawa

La collection LIGNES QUÉBÉCOISES entend constituer une bibliothèque d'études et de lectures critiques sur les œuvres marquantes de notre littérature. Cette collection comprendra des volumes répartis en deux sections : l'une constituée d'essais de synthèse, qui étudiera l'ensemble de la production d'un auteur ou d'une époque — ce sont les Lignes québécoises SÉRIELLES —, l'autre qui abordera dans des monographies une œuvre en particulier, roman, recueil, pour en interroger les pulsations secrètes — ce sont les Lignes québécoises TEXTUELLES.

Hubert Aquin,
agent double

LA DIALECTIQUE DE L'ART ET DU PAYS
DANS « PROCHAIN ÉPISODE » ET « TROU DE MÉMOIRE »

par Patricia Smart

1973
Les Presses de l'Université de Montréal
C. P. 6128, Montréal 101, Canada

Cet ouvrage a été publié grâce à une subvention du Conseil des arts du Canada

ISBN 0 8405 0226 5
DÉPÔT LÉGAL, 3ᵉ TRIMESTRE 1973, BIBLIOTHÈQUE NATIONALE DU QUÉBEC

« *Le Canadien français est, au sens propre et figuré, un agent double. Il s'abolit dans l'« excentricité » et, fatigué, désire atteindre au nirvāna politique par voie de dissolution. Le Canadien français refuse son centre de gravité, cherche désespérément ailleurs un centre et erre dans tous les labyrinthes qui s'offrent à lui. Ni chassé, ni persécuté, il distance pourtant sans cesse son pays dans un exotisme qui ne le comble jamais. Le mal du pays est à la fois besoin et refus d'une culture-matrice. Tous ces élans de transcendance vers les grands ensembles politiques, religieux ou cosmologiques ne remplaceront jamais l'enracinement ; complémentaires, ils enrichiraient ; seuls, ces élans font du Canadien français une « personne déplacée ».*

« *Je suis moi-même cet homme « typique », errant, exorbité, fatigué de mon identité atavique et condamné à elle. Combien de fois n'ai-je pas refusé la réalité immédiate qu'est ma propre culture ? J'ai voulu l'expatriation globale et impunie, j'ai voulu être étranger à moi-même, j'ai déréalisé tout ce qui m'entoure et que je reconnais enfin. Aujourd'hui, j'incline à penser que notre existence culturelle peut être autre chose qu'un défi permanent et que la fatigue peut cesser. Cette fatigue culturelle est un fait, une actualité troublante et douloureuse ; mais c'est peut-être aussi le chemin de l'immanence.* »

HUBERT AQUIN
(« La fatigue culturelle du Canada français »,
Liberté, vol. IV, n° 23, mai 1962, p. 320-321)

introduction   *Une esthétique*
                                  réunificatrice

Les romans d'Hubert Aquin sont fuyants, insaisissables, empreints d'une ambiguïté qui tient à la fois de sa conception de l'art et de la situation historique dans laquelle ils sont enracinés. Un titre comme *Point de fuite* [1] en dit long sur cet univers de miroirs et de dédoublements, dans lequel tous les éléments symétriques s'organisent en fonction d'un point de convergence qui se dérobe sans cesse. Aquin est un agent double, à la poursuite d'un frère-ennemi insaisissable qui n'est que sa propre image dans un miroir ; mais dans cette réflexion se tiennent le visage du Québécois et celui de l'homme moderne. Son œuvre est une recherche d'équilibre dans un monde profondément fissuré, où l'homme vit en divorce constant avec lui-même et avec autrui. Elle reprend le grand thème du roman québécois — l'aliénation, avec ses modalités familières de l'obsession de l'absolu, de la fuite et du vertige [2] — mais dans le dessein conscient de mettre fin à l'aliénation, de prendre possession du relatif dans toute sa fragmentation et sa discontinuité.

Les intrigues construites par Aquin, pleines de violence et de mouvement, nous entraînent dans un voyage passionnant, rempli de fausses pistes, et jamais terminé, au cours duquel notre perception de la réalité se transforme. Partis à la recherche d'une solution à ces énigmes, nous quittons la surface familière des choses pour nous égarer au cœur d'un labyrinthe où la réalité échappe à nos

1. Montréal, Le Cercle du livre de France, 1971.
2. Voir Gilles Marcotte, « L'expérience du vertige dans le roman canadien-français », *Une littérature qui se fait,* Montréal, H. M. H., 1968, p. 62-76.

concepts unilatéraux et à nos catégories traditionnelles. La destruction de ces anciennes façons de voir est le premier pas vers une nouvelle perception, celle-ci dialectique, dans laquelle les contradictions de toutes choses peuvent se réconcilier. La lecture des romans d'Aquin est une descente en spirale vers un centre hors d'atteinte qui représente la pleine possession du réel. Bien que ce voyage soit par essence interminable, nous découvrons peu à peu que la poursuite elle-même est libératrice.

L'image clé de l'œuvre, investie de résonances symboliques à multiples niveaux, est celle de deux frères-ennemis ou doubles-adversaires, moitiés d'une même totalité qui aspirent à se rejoindre, mais dont l'union est rendue impossible par les circonstances historiques. Ces personnages-doubles représentent la structure dialectique de la réalité, et symbolisent, selon le contexte où ils apparaissent et selon la perspective qu'on adopte, la tension qui existe entre l'art et l'histoire, l'universel et le particulier, l'abstrait et le concret, l'imaginaire et la réalité des faits scientifiques. Au niveau de signification spécifiquement québécois, nous verrons que les doubles-adversaires incarnent les rapports ambigus entre le Québec et le Canada anglais, tout en suggérant aussi les contradictions d'un pays qui se tient en quelque sorte à mi-chemin entre l'Europe et l'Amérique, et qui fait partie du monde des colonisateurs tout en étant à son tour colonisé.

Aquin a dit de ses personnages qu'« il y a chez eux volonté de se rejoindre mais incapacité de se trouver [3] ». En effet, tous les gestes et les actes de ces personnages-doubles témoignent de leur aspiration vers un état d'unité où s'aboliront les contradictions qui les séparent. Mais la rencontre qu'ils souhaitent est un événement absolu, irréalisable dans le temps. Plus lucide que ses personnages, Aquin regarde toujours avec ironie leurs « élans de transcendance [4] ». Pourtant

3. Jean Bouthillette, « Écrivain faute d'être banquier », *Perspectives,* 14 octobre 1967 ; repris par Aquin dans *Point de fuite,* p. 20.
4. Hubert Aquin, « La fatigue culturelle du Canada français », *Liberté,* vol. IV, n° 23, mai 1962, p. 321.

l'ironie et la distanciation du roman aquinien sont créatrices aussi bien que destructrices : tout en nous amenant à reconnaître l'impossibilité de cette unité absolue, elles ouvrent la voie à de nouvelles synthèses au sein du relatif.

L'art et l'histoire

L'opposition dialectique fondamentale de l'œuvre d'Aquin nous paraît être l'opposition entre l'art et la réalité historique. Le présent ouvrage est consacré aux deux romans qui traitent cette opposition dans le contexte spécifique du Québec contemporain : *Prochain épisode* [5] et *Trou de mémoire* [6]. Dans son troisième roman, *l'Antiphonaire* [7], sans abandonner son point de vue de Canadien français du vingtième siècle, Aquin élargit considérablement son canevas et présente une anatomie de la civilisation occidentale depuis le seizième siècle. Bien qu'il y ait une continuité évidente de contenu et de techniques formelles entre les trois romans, *l'Antiphonaire* déborde les cadres de la présente étude, où nous verrons que la problématique fondamentale des deux premiers romans est justement celle de la place de l'art dans un pays qui n'a pas encore pris en main sa destinée dans l'histoire.

La question des rapports entre l'art et l'histoire, débattue depuis longtemps, a suscité des réponses très variées. Peut-il y avoir une œuvre d'art qui contribue à la transformation de la réalité sociale ? Si oui, de quelle manière ? Une œuvre d'art peut-elle être « engagée » dans un sens politique sans renoncer à son autonomie formelle ? Y a-t-il un rôle nouveau pour l'art dans l'ère de la science posteinsteinienne ? Les articles de revue publiés par Aquin au cours de la décennie

5. Montréal, Le Cercle du livre de France, 1965.
6. Montréal, Le Cercle du livre de France, 1968.
7. Montréal, Le Cercle du livre de France, 1971.

1960 révèlent une préoccupation constante de ces problèmes, en particulier du dilemme de l'artiste québécois dans une époque où « tout change et menace de changer [8] ».

Dans ce chapitre préliminaire nous voulons voir de façon générale, à partir des idées énoncées dans ces articles, comment Aquin envisage les rapports entre l'œuvre d'art et la réalité sociale, historique et scientifique. Nous verrons comment, troublé pendant un temps par le sentiment que l'art était une activité individualiste, compensatrice et limitée, Aquin a trouvé dans la dialectique la possibilité d'une esthétique formellement autonome et vraiment révolutionnaire.

L'art et l'action : le baroque comme médiation

Tous les écrits d'Aquin, depuis les premiers articles et esquisses d'étudiant publiés dans *Quartier latin* entre 1949 et 1951, révèlent le désir de réconcilier une vocation littéraire avec les exigences de la vie et de l'action dans l'histoire. Maintes fois Aquin a exprimé son refus de se laisser enfermer dans le rôle d'écrivain, disant qu'il préférait devenir président de banque, participant de compétitions automobiles ou militant actif dans la lutte révolutionnaire. Comme on le sait, il a travaillé à la Bourse de Montréal, organisé des courses d'automobiles et passé quelques mois en prison, pour avoir, disait-on, participé à des activités terroristes, avant d'être acquitté.

L'article « Profession : écrivain », paru dans *Parti pris* en janvier 1964, révèle l'angoisse d'Aquin devant ce qui lui apparaissait alors comme la nécessité d'un choix entre les exigences opposées de l'art et de l'action dans l'histoire. La

---

8. Hubert Aquin, « Profession : écrivain », *Parti pris,* vol. I, n° 4, janvier 1964, p. 31.

solution à ce problème n'allait devenir claire que plus tard, mais l'article représente une étape importante dans la recherche d'une esthétique qui réconcilie l'art et l'histoire. Aquin y refuse la cohérence, la transcendance et le caractère individualiste de l'œuvre traditionnelle, traits qui lui apparaissent comme mensongers et dangereux, surtout à la lumière de la situation québécoise contemporaine. L'écriture traditionnelle lui semble une « aventure intérieure », sans prise sur la réalité, dans laquelle l'écrivain, au lieu d'habiter son pays, se transporte dans « un non-pays artistique et grammatical où chaque étranger jouit de l'immunité littéraire ». Se consacrer à une telle aventure, c'est se vouer à la recherche futile d'une « signification » qui ne correspond à rien dans la situation réelle de l'homme ; c'est produire « une œuvre préfabriquée, portative comme une machine à écrire, finie d'avance, pièce jointe à enterrer aux archives ».

Aquin n'a cependant jamais renoncé à sa croyance en l'autonomie formelle de l'œuvre littéraire. Pour lui, la littérature est « une sorte de formalisme dans lequel le contenu est secondaire [...] Un romancier doit courir après des formes. Le contenu, il l'a en lui et il le sort dans la forme choisie [9] ». Même dans « Profession : écrivain » il insiste sur le fait que « nul écrivain n'est tenu d'axer son œuvre selon l'efficacité de tel ou tel régime politique [10] ».

Ainsi c'est au niveau de la forme que le problème de l'écrivain québécois se pose à Aquin. L'œuvre littéraire reproduit la structure profonde de la réalité de l'écrivain ; et puisque la réalité québécoise est en train d'éclater, l'œuvre aussi subira un éclatement structural, syntaxique et langagier : « L'ancienne œuvre, prévisible, sereine et agencée selon le chiffre d'or, devient la proie des pires syncopes, celles-là même que mon pays révolu a connues et redoute, autant de nécroses dont on n'est jamais certain qu'elles seront suivies de genèse [11]. »

9. Jean Bouthillette, « Écrivain faute d'être banquier », in *Point de fuite*, p. 19.
10. « Profession : écrivain », *Parti pris*, vol. I, n° 4, janvier 1964, p. 28.
11. *Ibid.*, p. 30-31.

Ce sentiment que le Québec est en train de vivre une époque de transition, qu'il se tient précairement entre sa propre mort et la possibilité d'une résurrection ou d'une nouvelle naissance, explique en partie la fascination du baroque pour Aquin. L'esthétique baroque l'attirait depuis longtemps [12], mais ce n'est qu'à l'époque où il écrivait *Prochain épisode,* et plus tard *Trou de mémoire,* qu'il semble être devenu conscient de toutes ses possibilités réconciliatrices. Expression d'une période de désagrégement qui suit l'unité de la Renaissance et qui précède la nouvelle certitude de l'ère de la science newtonienne, l'art baroque trouve sa vérité dans l'espace intermédiaire entre l'illusion et la réalité. Ses masques, ses métamorphoses et ses paradoxes, ses illusions multipliées à l'infini, témoignent à la fois de l'incertitude qui a gagné toutes choses et de la jouissance de l'homme libre qui expérimente toutes les modalités de sa propre puissance créatrice. La perspective a une place importante dans cet art, comme dans l'art de la Renaissance ; mais tandis que les artistes de la Renaissance avaient utilisé la perspective pour s'emparer du monde, le jeu de perspectives vertigineux de l'art baroque ébranle le monde réel et le transforme en apparence.

Pour Aquin le baroque est plus qu'un stade révolu de l'histoire occidentale. Dans un de ses articles il cite l'ouvrage *Du baroque* d'Eugenio d'Ors [13], selon lequel le baroque est une constante de la culture humaine qui s'oppose fondamentalement à la constante *classique.* L'esprit classique (qui, suivant les catégories empruntées à d'Ors, comprendrait le rationalisme et le réalisme du roman *traditionnel*) ignore la dialectique : il impose au réel chaotique une vision ordonnée, stable et parfaite, en prétendant que cette vision représente le réel. L'esprit baroque, au contraire, reconnaissant que la réalité est insaisissable, s'intéresse à la lutte qui

12. Voir par exemple « Pensées inclassables », *Quartier latin,* vol. XXXII, n° 24, 24 janvier 1950, p. 2, et « Tout est miroir », *Quartier latin,* vol. XXXII, n° 32, 21 février 1950, p. 7.

13. Paris, Gallimard, 1935. Cité dans « Considérations sur la forme romanesque d'*Ulysse,* de James Joyce », *in l'Œuvre littéraire et ses significations,* Montréal, Les Presses de l'Université du Québec, 1971, p. 57.

s'engage lorsque l'homme essaie de maîtriser le réel. Son sujet profond est ce que Gide a appelé « la rivalité du monde réel et de la représentation que nous nous en faisons [14] ». Dans l'art classique, la tension entre la fragmentation et l'unité se résout de façon statique : à la fragmentation de la vie répond l'unité compensatrice de l'œuvre. Mais l'unité de l'œuvre baroque est une unité précaire, qui se détruit d'elle-même pour renvoyer à la fragmentation d'où elle est sortie.

L'esprit baroque est donc ironique et lucide ; sa vision du monde est dialectique ; son œuvre est *ouverte* et mobile. Ce dynamisme rend possible chez Aquin une conception de l'engagement littéraire qui respecte l'autonomie formelle de l'œuvre. Car, si le livre renvoie au réel et la réalité au livre, l'œuvre littéraire, sans perdre son autonomie formelle, peut devenir un véhicule pour la transformation du réel.

Lorsque l'art et la vie sont envisagés comme des domaines « absolus » et fermés l'un à l'autre, le conflit entre leurs exigences opposées prend la forme d'une oscillation stérile entre deux pôles qui s'excluent. C'est ce mouvement oscillatoire qui sous-tend la structure de *Prochain épisode,* dont une des lectures pourrait se résumer en une découverte des possibilités du baroque. Ce roman appartient à l'époque où l'engagement d'Aquin dans la situation politique du Québec rendait particulièrement aigu pour lui le conflit entre l'art et l'action. Le mouvement du livre correspond à la découverte que les pôles de l'art et de l'action ne sont pas statiques, mais mobiles et interdépendants, et que les contradictions innombrables à l'intérieur de chaque pôle ne se réconcilient que dans une dialectique vertigineuse. Il est vrai que *Prochain épisode* raconte aussi le refus du baroque, « tentation » que le narrateur refuse pour retourner au « devoir » de la lutte révolutionnaire, mais il est écrit en trompe-l'œil, en ce sens que son refus du baroque est contenu dans une forme baroque.

14. *Les Faux-Monnayeurs, Œuvres complètes,* Paris, Gallimard, 1932-1939, vol. XII, p. 297.

Pour Aquin, s'engager exclusivement dans l'action ou dans l'œuvre est donc insuffisant. La vérité, ou l'authenticité, ne se trouve que dans l'entre-deux, dans cet « écart » entre l'art et la vie auquel fait allusion l'éditeur de *Trou de mémoire*. S'il rêve, comme le narrateur de son premier roman, d'un « art totalitaire, en genèse continuelle », c'est pour refléter et compléter une vie qu'il conçoit comme mobilité et changement perpétuel :

> « C'est vrai [dira-t-il dans une entrevue] que je suis un Autre aujourd'hui ; mais je suis toujours un Autre. Je ne crois pas qu'on puisse saisir un homme selon des catégories définies, le figer dans un moment de sa vie. C'est dans l'action que l'homme se révèle à lui-même. On dit que tout ce qu'on a fait nous détermine. Je ne crois pas à cela : vivre est un projet [15]. »

Jean Bouthillette, l'interlocuteur du romancier, capte l'essence de cette mobilité lorsqu'il parle de la thématique de la fuite et de la poursuite chez Aquin :

> « La fuite et la poursuite sont une constante chez cet homme toujours en rupture de lui-même. Plus que des thèmes de roman, elles sont la trame de sa vie. Et j'ai finalement compris que c'est la poursuite qui importe, non le temps d'arrêt ; que ce n'est qu'en mouvement qu'il est lui-même ; que c'est dans le bond en avant qu'il consent à se laisser cerner [16]. »

Réconciliation des univers imaginaire et scientifique : le rôle clé de la perception

L'œuvre *ouverte* rend possible non seulement une réconciliation entre l'art et la réalité historique, entre l'autonomie

15. Jean Bouthillette, « Écrivain faute d'être banquier », *in Point de fuite*, p. 18.
16. *Ibid.*, *in Point de fuite*, p. 20.

formelle de l'œuvre et son insertion dans le temps, mais, selon les mots d'Umberto Eco, cités par Aquin, elle « se pose en médiatrice entre les catégories abstraites de la science et la matière vivante de notre sensibilité [17] ». L'évolution du romancier au cours des années 1960 témoigne d'un intérêt croissant pour la possibilité d'une nouvelle réconciliation entre les arts et les sciences, dont la séparation remonte à l'âge baroque. Parlant de la « dislocation de la sensibilité [18] » chez l'homme moderne, T. S. Eliot suggère que les domaines de la « réalité » scientifique et de l'imaginaire se sont dissociés vers la fin de la Renaissance, avec la naissance de la science newtonienne au seizième siècle. À partir de cette époque, la réalité fut envisagée comme appartenant uniquement au domaine des faits scientifiques, et le langage de ce domaine, coupé de l'imaginaire, devint de plus en plus stérile. Par contre, le langage métaphorique, qui dans la littérature de la Renaissance avait servi de pont entre les deux mondes, perdit sa substance et devint purement décoratif. L'artiste baroque n'a pas encore renoncé à l'exigence d'unité, mais il constate avec ironie son caractère illusoire. La dislocation se consomme à la fin de l'âge baroque, et se manifeste clairement dans la dernière moitié du dix-neuvième siècle avec l'apparition presque simultanée du réalisme et du symbolisme.

Or, l'œuvre d'Aquin, comme celle de son maître James Joyce, est une tentative pour réconcilier les domaines de l'imaginaire et des faits scientifiques. Elle est à la fois symboliste et profondément réaliste, car ses symboles, au lieu de mener hors du monde vers un repos dans l'absolu, unissent la matière et l'esprit, l'intérieur et l'extérieur, la transcendance et l'immanence. Là où les réalistes n'avaient vu qu'un amas de faits à expliquer et à décrire, et les symbolistes un réseau de signes suggérant un domaine supérieur, Aquin nous dévoile une réalité à multiples niveaux, dont les contours mouvants et mystérieux sont illuminés par l'analogie

17. *L'Œuvre ouverte*, Paris, Seuil, 1962, p. 124. Cité dans « Considérations sur la forme romanesque d'*Ulysse*, de James Joyce », *in l'Œuvre littéraire et ses significations*, p. 66.
18. « The Metaphysical Poets », *Selected Essays*, nouv. éd., New York, Harcourt Brace, 1950, p. 247.

et la métaphore. Les romans d'Aquin sont des chiffres, des « équation[s] à multiples inconnues [19] » qui, à la ressemblance des équations scientifiques, reproduisent la structure complexe du réel et suggèrent ses infinies dimensions.

Cette réintégration des deux domaines a été rendue possible par la découverte de la science posteinsteinienne que la réalité n'est pas statique, mais mobile, et susceptible d'une multiplicité de perceptions possibles. Avec cette découverte disparaît la distinction entre le sujet observateur et la réalité « objective », car l'homme reconnaît qu'il ne peut plus prétendre étudier la réalité « en soi », mais seulement sa propre perception du réel. Selon le physicien Werner Heisenberg, la science moderne de la nature nous montre

> « que nous ne pouvons plus du tout considérer comme une chose « en soi » les moellons de la matière, lesquels, à l'origine, étaient tenus pour la réalité objective ultime, qu'ils se dérobent à toute fixation objective dans l'espace et dans le temps et que, au fond, nous ne disposons pour tout objet de science que de notre connaissance de ces particules [20] ».

Ainsi le monde ne peut plus être divisé entre matière et esprit, entre l'extérieur et l'intérieur, entre les domaines « scientifique » et « artistique ». Comme les arts, les sciences visent à étudier le réseau de rapports entre l'homme et la nature ; et les deux domaines, au lieu de s'opposer, apparaissent comme des modes de connaissance complémentaires.

Selon Aquin, l'écrivain, au lieu de perpétuer une vision du monde *fermée* qui correspond à celle de la physique newtonienne, doit exploiter ces possibilités nouvelles :

> « La réalité euclidienne stable et ordonnée a subi une déflagration qui ne pardonne pas : le plus haut et le plus grand, le plus droit (linéairement) et

---

19. *Prochain épisode*, p. 21.
20. *La Nature dans la physique contemporaine*, Paris, Gallimard, « Idées », 1962, p. 29.

le plus spiraloïde, le plus vide et le plein ne se mesurent plus avec les instruments de Pascal ou de Newton. Cherchons plutôt à transposer la théorie des seuils quantiques de Planck, cherchons même à percevoir la réalité selon les préceptes de Einstein ou les mesures d'incertitude d'un Heisenberg, alimentons notre perception de la littérature aux nouvelles théories de la connaissance [21]. »

À la lumière de ces considérations, on voit pourquoi la phénoménologie, qui définit la réalité comme la « synthèse sans fin » des perceptions possibles de l'objet, éveille des résonances si profondes chez Aquin, comme chez tant d'autres romanciers contemporains. Car le roman — et en particulier le roman-miroir — permet une liberté de perception impossible dans la vie quotidienne. Précisément parce que son domaine n'est pas le réel, mais le virtuel, le roman apparaît comme un mode de connaissance privilégié du réel.

Pour Aquin, la manifestation littéraire la plus parfaite des nouvelles théories de la connaissance est l'*Ulysse* de Joyce, « une somme [...] apparemment thomiste et organiquement einsteinienne [...] dont les chaînes référentielles apparaissent comme infiniment extensibles dans le temps et l'espace [22] ». Utilisant la même approche de la réalité que la science relativiste, Joyce établit des rapports mouvants entre « ce qui existe dans notre société et ce qui a déjà existé dans un certain passé, conférant ainsi au processus de la relativité un coefficient très puissant de révélation ou de dévoilement de la réalité historique humaine [23] ».

Dans *Prochain épisode* et *Trou de mémoire*, Aquin utilise des techniques similaires à celles de Joyce (jeu de perspectives, présence de plusieurs niveaux de signification, allusions littéraires et historiques) pour éclairer les rapports entre

21. « Considérations sur la forme romanesque d'*Ulysse*, de James Joyce », *in l'Œuvre littéraire et ses significations*, p. 60-61.
22. *Ibid.*, p. 54.
23. *Ibid.*, p. 58.

le processus historique et la création artistique, tous deux assumant leur sens dans la perspective de la réalité du Québec contemporain. Dans *Trou de mémoire*, qui foisonne de références scientifiques, cette réalité est explicitement reliée à celle de l'univers scientifique moderne, si bien que l'art, la science, la politique et la vie *intérieure* apparaissent comme des aspects complémentaires et interdépendants d'un même processus : la vie de l'homme dans l'histoire.

Il va sans dire que cette réconciliation de la littérature avec les autres domaines de la connaissance ne saurait nuire à la primauté de la forme littéraire. Pour l'écrivain, ainsi que le souligne Georges Lukacs, « aucune théorie, aucun savoir, n'a jamais d'autre fonction que de l'aider à découvrir une manière plus profonde de refléter le réel sur le plan de l'art ; il s'agit là d'un rapport indirect, d'ordre dialectique, où l'élément décisif est toujours, finalement, la valeur propre de la représentation artistique... [24] »

Fatigue culturelle et lucidité

C'est de cette action réciproque entre l'art et le réel que l'œuvre d'Aquin tire sa puissance révolutionnaire ; car, tout en reflétant les structures profondes de la réalité dont elle est sortie, elle peut en retour agir sur cette réalité par la nouvelle perception qu'elle en donne au lecteur. Cette interaction continuelle et créatrice entre l'homme et son milieu, caractéristique de toute activité humaine mais plus claire dans la création artistique, est ce qui constitue le développement culturel d'un peuple dans l'histoire.

Dans le cas du Canada français, ce processus culturel *normal* se trouve compliqué par le fait d'une domination politique, économique et culturelle. Dans

24. *La Signification présente du réalisme critique*, Paris, Gallimard, 1960, p. 178-179.

un article magistral sur la situation culturelle et politique canadienne-française, écrit en réponse à la pensée antinationaliste de Pierre-Elliott Trudeau, Aquin affirme que la structure du système fédéraliste s'oppose fondamentalement à l'expression globale de la culture canadienne-française :

> « Seule l'abolition de la culture globale canadienne-française peut causer l'euphorie au sein de la Confédération et permettre à celle-ci de se développer « normalement » comme un pouvoir central au-dessus de dix provinces administratives et non plus de deux cultures globalisantes. Cette abolition peut s'accomplir de bien des façons qui ne sont pas sans tolérer la survivance de certains stéréotypes culturels canadiens-français... [25] »

D'autant plus difficile à ébranler que son incompatibilité avec les aspirations collectives du peuple canadien-français se cache sous une rhétorique de «tolérance», de « démocratie » et de valorisation de la réussite individuelle, le système fédéral a réduit le peuple canadien-français à un état d'épuisement culturel, « cercle vicieux » dans lequel celui-ci tourne en rond ou cherche à s'évader par la dissolution dans de « grands ensembles politiques, religieux ou cosmologiques ». Même les nationalistes canadiens-français, intimidés par le caractère « sacrilège » de leur entreprise, ont traditionnellement fini par se ranger du côté du *statu quo* fédéraliste :

> « Le nationalisme, revendication profane et presque liée à l'adolescence sacrilège, devient [...] un péché dont aucun de ses auteurs provisoires n'a réussi à se disculper tout à fait. C'est une forme d'impulsion de jeunesse qu'on pardonne... un psycho-drame cathartique [...] une sorte d'irruption peccamineuse insérée à l'avance dans le système qu'elle conteste avec incohérence, mais n'ébranle jamais [26]. »

25. « La fatigue culturelle du Canada français », *Liberté,* vol. IV, n° 23, mai 1962, p. 313.

26. *Ibid.,* p. 315.

Si, pendant la décennie 1960, Aquin parle plus volontiers du « Canadien français » que du « Québécois », c'est parce que le premier terme évoque mieux la réalité ambiguë et la dualité psychologique de son peuple. Après deux cents ans de domination, la présence anglaise s'est intériorisée chez le Canadien français et, comme le découvre le narrateur de *Prochain épisode,* cette présence ne peut être exorcisée par un simple changement de terminologie. Si dans son premier roman Aquin dégonfle les mythes d'un certain nationalisme révolutionnaire, c'est pour rendre possible la prise de possession du pays réel dans toute sa complexité. Et ce pays réel, selon lui, ne peut être compris en dehors de l'« axe dialectique » qui le relie et l'oppose au Canada anglais :

> « ... c'est commettre un acte de lèse-dialectique que de nier que le Canada est un cas dialectique bien défini, où se confrontent deux cultures. Il est plus logique d'aller dans le sens de cette opposition critique de deux cultures, si l'on veut en arriver à comprendre quelque chose à la situation canadienne, que de désaxer la dialectique historique dans laquelle le Canada français se trouve impliqué... [27] »

Selon Aquin, le rôle de l'art n'est pas d'offrir des solutions simples au dilemme collectif du Canada français, mais plutôt de conduire le lecteur vers une perception des multiples dimensions du problème. Car, ainsi que l'affirme le protagoniste de *Trou de mémoire,* la force la plus puissante contre la mystification fédéraliste, c'est la lucidité :

> « ... la lucidité agirait sans doute comme un facteur de détoxication et débalancerait ce charmant équilibre où tout le poids graisseux du conquérant écrase [...] le corps famélique et déboîté de celui qui attend de ressusciter pour prendre une petite bouchée et quelques libertés. Donc, selon la dialectique

27. « La fatigue culturelle du Canada français », *Liberté,* vol. IV, n° 23, mai 1962.

du fédéralisme copulateur, il ne saurait y avoir de lucidité que fédérale [...] si le conquis devient lucide il faut lui donner une promotion... [28] »

La lucidité, telle que la conçoit Aquin, fait partie d'une conception dialectique de la pensée dans laquelle le processus pour arriver à une conclusion importe autant que la conclusion elle-même, et où, arrivé à une conclusion, on se relance déjà vers la vérité contraire (ce qui n'exclut pas la nécessité d'opter pour certaines vérités non dogmatiques). La lucidité exige une distance suffisante par rapport au problème en question pour qu'un dialogue soit possible entre les points de vue opposés. Ainsi, par exemple, si Aquin opte pour l'indépendance du Québec, c'est après avoir pesé les options contraires, et sans conférer à l'indépendance la valeur d'un absolu :

« L'indépendance ne peut être considérée que comme levier politique et social d'une culture relativement homogène. Elle n'est pas nécessaire historiquement, pas plus que la culture qui la réclame ne l'est. Elle ne doit pas être considérée comme un mode d'être supérieur et privilégié pour une communauté culturelle ; mais, chose certaine, l'indépendance est un mode d'être culturel tout comme la dépendance [29]. »

Les deux premiers chapitres de notre étude seront consacrés à *Prochain épisode :* nous verrons comment, grâce à des techniques de distanciation ironique et d'ouverture, Aquin engage le lecteur dans un processus actif et créateur qui conduit au-delà des mythes ou des absolus de l'œuvre et du pays, vers une nouvelle perception qui réconcilie l'art et la réalité historique dans un équilibre précaire.

Nous analyserons ensuite *Trou de mémoire* (chap. 3, 4 et 5) : ce roman très exigeant, à côté duquel, selon Aquin, *Prochain épisode* est un « jeu d'enfant [30] »,

---

28. *Trou de mémoire,* p. 39.
29. « La fatigue culturelle du Canada français », *Liberté,* vol. IV, n° 23, mai 1962, p. 321.
30. Entrevue accordée à Michèle Favreau, *la Presse,* 30 avril 1966, p. 11.

nous montrera une synthèse et un dépassement de la situation québécoise aux deux niveaux de l'art et du réel historique. Le « trou de mémoire » du Canada français, c'est l'« amnésie culturelle » dont parlent les spécialistes de la psychologie des peuples colonisés [31] ; c'est l'absence, depuis le « traumatisme » de la Conquête, d'un « contexte [32] » pour l'art et pour l'action révolutionnaire au Québec.

Bien que dans la présente étude nous soulignions surtout les significations spécifiquement québécoises des deux premiers romans d'Hubert Aquin, nous voulons dire un dernier mot sur la force libératrice de son œuvre, vue dans une perspective plus générale.

Ces romans nous entraînent, presque malgré nous, dans la « lutte dialectique » qui selon l'auteur est « génératrice de lucidité [33] ». Dans leurs miroirs nous voyons refléter les symptômes de notre aliénation : notre recherche d'absolus faute de vraiment posséder notre vie ; notre tendance à passer de rôle en rôle sans jamais nous demander quel visage se dissimule derrière la série de nos masques ; notre passivité, et même notre connivence, avec ceux qui nous « violent ».

Notre aliénation, c'est d'abord et surtout notre tendance à vivre sur deux niveaux — l'abstrait et le concret — sans jamais faire le joint entre les deux, sans jamais vraiment comprendre notre expérience puisqu'elle échappe aux catégories rigides et périmées qui sont les seules que nous possédions. Le roman traditionnel renforce cette aliénation en offrant pour notre consommation passive une vision du monde « cohérente » et « signifiante » qui ne correspond en rien au chaos de notre expérience réelle. Les miroirs des romans d'Aquin, au contraire, en détruisant

31. Voir par exemple Albert Memmi, *Portrait du colonisé,* Paris, Jean-Jacques Pauvert, 1966, p. 139-140.

32. *Trou de mémoire,* p. 56.

33. « La fatigue culturelle du Canada français », *Liberté,* vol. IV, n° 23, mai 1962, p. 300.

le réalisme psychologique, la causalité, la chronologie et la logique que par habitude et par paresse nous cherchons dans le roman, nous laissent nus et désemparés devant l'énigme du réel.

Et c'est alors que commence le deuxième mouvement de la lecture, celui-ci positif. Comme le tableau de Holbein qui est au centre de *Trou de mémoire,* les romans d'Aquin exigent une distanciation de la part du lecteur. Leurs énigmes ne se résolvent que lorsque, ayant épuisé toutes les possibilités de signification unilatérale, il abandonne la tentative d'une lecture réaliste et se retire de l'œuvre. C'est alors qu'il l'aperçoit comme un artifice, une image, un chiffre du réel, dont la puissance dépend précisément de son écart avec la vie. Dans cette œuvre qui détruit tour à tour chaque point de vue qu'adopte le lecteur, la seule perspective qui ne soit pas trompeuse est celle de l'auteur en train d'écrire. Une fois déchiffrée, l'œuvre nous révèle en dernier lieu la présence souveraine de l'auteur, en lutte avec le réel par le moyen de l'écriture. Aquin a souligné sa croyance en l'artificialité consciente de l'œuvre littéraire dans une communication au colloque de *Liberté* en 1969 :

> « Je ne crois pas qu'il faille démythifier la production littéraire afin de rejoindre un au-delà de l'artificialité spécifique à la littérature [...] Au contraire, je préconise qu'on sacralise, ni plus ni moins, cette artificialité qui, selon moi, est inhérente à tout ce qui est écrit — de telle sorte que, rendue consciente, cette artificialité révèle la propriété par excellence de produit littéraire, soit : les techniques de composition de l'écrivain... [34] »

L'œuvre qui expose ainsi son propre mensonge devient, selon les mots d'Aquin, « un échange entre le lecteur et l'écrivain [35] ». Car, en découvrant la nature des rapports qui existent entre l'écrivain, le livre et la réalité, le lecteur

---

34. *Liberté,* vol. XI, nᵒˢ 3-4, mai-juin-juillet 1969, p. 26.
35. *Ibid.*

devient simultanément conscient du rôle clé de sa propre perception dans la transformation d'une réalité malade. Les romans d'Hubert Aquin sont véritablement révolutionnaires, car non seulement ils nous amènent vers une perception lucide de notre aliénation, mais encore ils nous montrent la voie vers notre intégration dans un monde nouveau.

chapitre premier

« *Prochain épisode* » : ironie et ouverture

> « *Je me complais dans les romans d'espionnage à cause de leur humour. Les gars ont toujours une patte en l'air, ils prennent des avions, changent de pays* [...] *ils nous obligent à un dépaysement continuel. Cette désinvolture a une fonction. Tu ne peux comprendre la réalité sans en prendre distance, par l'humour ou l'ironie* [1]. »

Prochain épisode est une construction *fermée* qui s'ouvre graduellement dans une série de reflets de miroir, dévoilant l'infinie complexité de l'espace entre ses deux pôles : l'art et l'action révolutionnaire. « Anti-roman », « roman circulaire », « roman dans un roman » : tous ces termes s'appliquent à *Prochain épisode,* qui n'a d'autre sujet que sa propre genèse, et dont l'intrigue, en apparence du moins, tourne autour d'une action qui ne s'accomplit pas, pour revenir enfin à son point de départ. La vraie progression dans le roman est de l'ordre de la perception, et elle se produit grâce à un processus de distanciation ironique qui est à la fois destructeur et créateur.

L'ironie aquinienne peut se définir comme une simultanéité de perspectives opposées sur une même réalité, visant à produire un conflit dans la conscience

1. Normand Cloutier, « James Bond + Balzac + Sterling Moss + ... = Hubert Aquin » (entrevue avec Aquin), *le Magazine Maclean,* vol. VI, n° 9, septembre 1966, p. 14.

du lecteur. Dans *Prochain épisode,* parodie de l'univers étroitement dualiste du roman d'espionnage, il s'agit d'une double perspective, dont la résolution semble se dérober à l'infini dans le ventre des miroirs. Le dualisme du roman d'espionnage traditionnel, qui oppose agent à contre-agent avec la netteté du bien opposé au mal, procède d'une vision du monde absolutiste et fermée, qui est au fond rassurante. Selon cette vision, l'ambiguïté créée par la présence d'agents doubles, de déguisements, de feintes ou de contre-feintes ne peut être qu'une interruption temporaire dans un monde qui reviendra finalement à l'ordre. C'est une telle vision absolutiste qui anime le narrateur de *Prochain épisode,* le faisant osciller interminablement entre des éléments perçus comme irrémédiablement opposés (notamment entre l'art et l'action, mais aussi, à l'intérieur de cette opposition primaire, entre l'intérieur et l'extérieur, le vide et la plénitude, la dissolution et l'unité, le désespoir et l'exaltation). Quant au lecteur, bien que tout au long de la lecture il s'identifie au narrateur et participe à son oscillation, il sera simultanément amené à se détacher progressivement de celui-ci et à constater l'abstraction stérile de sa vision dualiste. Cette ironie, ou double perspective, renvoie le lecteur à lui-même et à ses propres contradictions ; elle met en branle dans sa conscience un processus qui peut conduire de l'absolu au relatif, du mythe à la réalité historique, de l'oscillation à la tension dialectique.

Prochain épisode raconte la genèse d'un roman et le processus par lequel l'œuvre agit sur la perception du réel de l'écrivain, transforme cette perception et se trouve transformée en retour. Dans le chapitre suivant, nous suivrons étape par étape cette aventure romanesque du narrateur, en essayant d'en dégager la forme et les significations. Ce que nous voulons examiner ici, sous la rubrique générale de l'ironie et de l'ouverture, c'est la présence de la même tension dialectique entre *Prochain épisode* et l'extérieur (la perception de l'auteur et du lecteur). Après avoir vu que le roman représente une sorte d'« autobiographie possible », amenant l'auteur vers une meilleure connaissance de lui-même et de la réalité, nous verrons de façon générale comment l'ironie ou la double perspective agit sur la perception du lecteur. Finalement, nous examinerons en détail les allusions littéraires et historiques, exemple saisissant de la façon dont le roman amène le lecteur à une nouvelle perception de l'art, de l'histoire et de leurs rapports réciproques.

Le roman comme « autobiographie possible »

Construction à multiples niveaux, dans laquelle le drame personnel de l'auteur se fond avec celui de son peuple et avec celui de tout homme aux prises avec les exigences de l'idéal et du réel, *Prochain épisode* est le roman d'Aquin le plus proche de l'autobiographie. Écrit pendant un séjour à l'institut psychiatrique Albert-Prévost de Montréal, où l'auteur fut interné après son arrestation pour port d'armes en juillet 1964, c'est l'histoire d'un révolutionnaire emprisonné qui écrit un roman. Comme Aquin le dira en parlant de l'accueil du roman par les critiques : « Ils ont tous compris que j'avais joué sur mon autobiographie comme si c'était de la fiction [2]. » Ce qui fait de *Prochain épisode* une œuvre d'imagination et non une autobiographie, c'est la présence du miroir, qui permet à Aquin de distancer son propre drame, en subordonnant le contenu à la recherche formelle : « Dans *Prochain épisode,* même s'il a été écrit dans des circonstances particulières, j'ai été plus préoccupé par la forme que par le contenu, puisque le même contenu aurait pu trouver une autre forme. Il s'agissait pour moi de savoir comment écrire un roman d'action, d'espionnage plus précisément [3]. »

2. Entrevue accordée à Michèle Favreau, *la Presse,* 30 avril 1966, p. 11.
3. Jean Bouthillette, « Écrivain faute d'être banquier », *in Point de fuite,* p. 19.

Au niveau « autobiographique », la dualité fondamentale du roman est la projection de celle qui existe entre l'écrivain et l'homme d'action. Quelques mois plus tôt, Aquin, qui militait depuis 1960 dans le Rassemblement pour l'indépendance nationale, annonçait publiquement qu'il prenait le maquis. Vers la même époque, dans « Profession : écrivain », il déclarait que, vu l'état critique de la situation politique au Québec, et le fait que chez les peuples dominés l'art est traditionnellement une activité compensatrice, il ne pouvait plus se justifier de poursuivre une vocation artistique :

« La pratique littéraire, en situation coloniforme, exprime un comportement d'acceptation. De plus, les rites de la création littéraire sont généralement reconnus pour leur effet thérapeutique : après une nuit d'extase plus que lente, le danseur n'a plus la force de riposter au sphinx colonial. En l'épuisant, dans un article rituel, la danse des mots sur la ligne d'horizon réconcilie l'homme avec son irréalité. Dans notre pays désagrégé, je refuse l'apaisement que j'ai trop longtemps cherché dans la cérémonie bégayante de l'écriture [4]. »

Après son arrestation, coupé de ses amis et blessé par le fait que, pour éviter de prolonger son emprisonnement, ils n'avaient pas publiquement affirmé la valeur politique de son acte, devant subir par surcroît une analyse psychiatrique qui contestait la validité de sa position, Aquin connut une expérience de vide intérieur qu'il décrivit plus tard de la façon suivante : « J'étais complètement désidentifié, je dois le dire. Mais quand je me suis trouvé coupé de tout, eh bien ! je me suis trouvé voulant vivre encore, voulant vivre jusqu'au bout l'affaire pour en sortir. J'ai alors écrit *Prochain épisode,* où je récupérais les éléments de ma vie passée et les métamorphosais [5]. »

Le roman jaillit donc d'une double exigence : se sentant « complètement désidentifié », Aquin écrit pour éveiller de nouveau en lui la croyance aux valeurs

4. « Profession : écrivain », *Parti pris,* vol. I, n° 4, janvier 1964, p. 27-28.
5. Normand Cloutier, « James Bond + Balzac + Sterling Moss + ... = Hubert Aquin », *le Magazine Maclean,* vol. VI, n° 9, septembre 1966, p. 41.

absolues du pays et de la révolution qui ont mené à son acte politique ; en même temps il cherche à distancier, à objectiver son dilemme. De cette contradiction originelle naîtront l'ambiguïté et l'ouverture structurale du livre.

Le narrateur de *Prochain épisode,* jeune révolutionnaire emprisonné qui écrit un roman autobiographique, est en toutes choses le double et l'image dans le miroir d'Aquin en train d'écrire. Il existe pourtant une différence capitale entre les deux. Grâce au miroir, Aquin jouit d'une perspective plus large que celle de son narrateur, tout comme le narrateur est plus lucide que son propre personnage :

> « J'élimine à toute allure des procédés qui survalorisent le héros agent secret : ni Sphinx, ni Tarzan extra-lucide, ni Dieu, ni Saint-Esprit, mon espion ne doit pas être logique au point que l'intrigue soit dispensée de l'être, ni tellement lucide que je puisse, en revanche, enchevêtrer tout le reste et fabriquer une histoire sans queue ni tête... » (p. 8)

C'est ce rétrécissement du champ optique à mesure que l'on passe d'Aquin à son narrateur, et ensuite du narrateur à son héros, qui confère une coloration ironique à tout le roman. En tant que mode de rapport entre l'auteur et son roman, l'ironie est la double perspective rendue possible par le miroir, qui fait que l'auteur est simultanément *avec* et *en dehors de* son personnage. Elle se relie étroitement à la conception de l'œuvre comme une sorte d'« autobiographie possible », précédant l'auteur dans le temps et l'amenant vers une meilleure connaissance de lui-même. Dans les motivations, les doutes, les erreurs et les décisions de son narrateur, Aquin projette les possibilités inhérentes en lui, tandis qu'en même temps il regarde d'un œil critique et souvent amusé cette projection de son moi dans le comportement de son alter ego. Tout au long du roman, on sent la présence de l'auteur derrière son narrateur, mettant en question la validité de ses affirmations.

La double perspective du lecteur

Placé pour ainsi dire à côté de l'auteur, le lecteur aussi jouit d'une double perspective sur le roman. Puisque tout le roman est écrit à la première personne, il ne peut faire autrement que d'adopter le point de vue du narrateur, et, jusqu'à un certain point, c'est *avec* ce dernier qu'il évolue vers une conscience accrue de la nature de l'art et de la révolution et des rapports entre les deux. À mesure qu'il avance, cependant, le lecteur ne peut s'empêcher de constater la naïveté et le romantisme du narrateur. Littéralement et figurativement isolé du monde réel, celui-ci se débat à l'intérieur d'un monde construit en fonction de son propre moi, très loin de la situation du peuple dont il se voudrait le libérateur. Lancé à la poursuite d'une Plénitude absolue incarnée dans les mythes du Pays, de la Femme et de la Révolution, il ignore les réalités qui correspondent à ces conceptions mythiques, réduisant le peuple québécois, par exemple, à l'image lyrique d'une armée de « frères » dont le rythme des pas n'est que l'orchestration de son propre triomphe amoureux : « Ce n'est pas la solitude qui a nourri notre passion, mais de sentir un fleuve de frères marcher tout près de nous et se préparer maladroitement au combat. Le bruit de leurs pas martelait nos fureurs, et leur tristesse gonflait nos corps. Pendant que mes doigts froissaient ta robe, nous avons écouté leurs respirations nombreuses... » (p. 144).

Cet écart entre mythe et réalité est activement éprouvé par le lecteur, grâce à une alternance de styles dans le roman : « la présence simultanée... de deux pôles de l'écriture : la poésie et la prose [6] ». À intervalles plus ou moins réguliers, le lyrisme pur qui traduit les aspirations du narrateur vers la plénitude est ponctué par des retombées dans une prose « absolue », « tout à fait neutre et alittéraire [7] ».

6. Jocelyne Lefèbvre, « *Prochain épisode* ou le refus du livre », *Voix et images du pays V*, Montréal, Les Presses de l'Université du Québec, 1972, p. 151.

7. *Ibid.*, p. 159.

Du point de vue qui nous intéresse ici, cette alternance de styles correspond à la double perspective de l'ironie ; elle intensifie dans la conscience du lecteur une tension entre l'identification et la distance qu'il ressent par rapport au narrateur.

La tension entre lyrisme et prose dans *Prochain épisode,* c'est aussi la tension entre mythe et réalité, entre la prise de possession du pays par le verbe et la constatation de l'impuissance du verbe à transformer le réel, entre la perspective de l'artiste et celle du révolutionnaire. Ainsi peut-on dire que, par rapport à la poésie « de fondation et d'appartenance [8] » des années 1960 au Québec, le roman d'Aquin représente à la fois une continuité et une rupture. Tandis que les passages lyriques du roman reprennent les thèmes principaux de cette poésie (telles la célébration de la femme-pays, l'ascension aux sommets et la plongée vers le centre de la terre, la litanie incantatoire des espaces géographiques du pays), les retombées dans la « prose » ramènent le lecteur vers le vide infini de la « préhistoire [9] » qui est le temps québécois.

Si, dans la perspective de l'impossible situation collective, les élans lyriques du narrateur apparaissent comme mensongers, il est tout aussi vrai de dire que ni le révolutionnaire ni l'artiste ne peut se permettre de succomber à la réalité *prosaïque* d'une situation sans issue. C'est entre ces deux styles, et entre les espaces-temps du mythe et de la « préhistoire », que se situe la vérité du roman. Amené par la distanciation ironique vers ce lieu intermédiaire, le lecteur entrevoit une nouvelle possibilité de synthèse, dans une perception dialectique de l'art et de l'action comme deux aspects complémentaires du processus historique.

8. Paul Chamberland, « Fondation du territoire », *Parti pris,* vol. IV, nᵒˢ 9-10-11-12, mai-août 1967, p. 13.

9. N'ayant pas encore pris en main leur destinée collective, les Québécois sont « un peuple sans histoire » (*Prochain épisode,* p. 94). Le narrateur suit la pensée de Marx lorsqu'il affirme que « nous n'aurons d'histoire qu'à partir du moment incertain où commencera la guerre révolutionnaire » (p. 94).

Allusions littéraires et historiques

Cette nouvelle perception des rapports entre l'art et la réalité historique est savamment développée dans l'esprit du lecteur par un tissu complexe d'allusions littéraires et historiques. Tout en exposant le caractère illusoire de la quête d'absolus du narrateur, ces allusions conduisent le lecteur vers une perception de l'histoire comme processus organique ouvert vers l'avenir, qui façonne les individus et les nations tout en étant façonnée par eux en retour. À l'intérieur de ce processus, l'art et l'action apparaissent non pas en opposition l'un à l'autre, mais comme deux manifestations interdépendantes de la puissance créatrice et transformatrice de l'homme.

Les *héros* littéraires et historiques du narrateur — Byron, Balzac (toujours associé à son personnage Ferragus), Mazzini, Tchernychevski, Bakounine — ont en commun deux choses : chacun se rattache de façon plus ou moins directe au mouvement romantique du siècle dernier, et chacun enjambe la distance qui sépare la littérature et l'action révolutionnaire. Les multiples significations suggérées par leurs noms semblent souvent échapper au narrateur, mais elles constituent un commentaire ironique sur son propre romantisme et sa dualité.

Homme divisé qui se voudrait simple, le narrateur tente tout au long du roman de se convaincre qu'il est homme d'action plutôt qu'écrivain. Immergé dans « l'eau séculaire des révolutions » (p. 96), il cherche à surmonter son propre conflit et son sentiment d'échec en évoquant les souvenirs de Mazzini et de Tchernychevski, « grands frères dans le désespoir et l'attentat » (p. 96). Désemparé par l'immense distance à traverser avant d'atteindre le but révolutionnaire, il s'identifie à Bakounine, « mort dans la prison commune de Berne, couvert de dettes et oublié » (p. 73). Apparemment simples, ces allusions, en plus d'être un commentaire ironique sur la dualité du narrateur, contiennent en germe une conception dialectique des rapports entre l'art et l'action, entre l'individu et l'histoire.

« Frères » du narrateur par l'exil et l'emprisonnement qu'ils ont soufferts pour leurs idées et leurs actions, Mazzini, Tchernychevski et Bakounine s'apparentent à lui surtout par le fait que chacun des trois était écrivain aussi bien que militant. Évoqués pour affirmer les aspirations révolutionnaires du narrateur, leurs noms soulignent au contraire sa dualité. En outre, puisque c'est par leurs écrits que ces hommes ont influencé le narrateur (« j'ai frémi aux mille suicides de Tchernychevski et au romantisme insurrectionnel de Mazzini... », p. 96), ces allusions suggèrent la possibilité que la parole possède une puissance transformatrice aussi grande que l'action. Finalement, l'évocation de Bakounine « mort en prison » suggère au lecteur que le triomphe de l'individu n'est pas toujours synonyme de sa participation dans le processus de l'histoire. Dans cette perspective, la conception de la révolution du narrateur — moment d'apothéose individuelle et collective qui mettra fin, dans un avenir prévisible, à sa propre oscillation et à son incertitude — apparaît comme une vision anhistorique, statique et naïve.

Par les allusions à Byron, toujours associées à la nuit d'extase amoureuse du narrateur et de la femme K, à Lausanne, le caractère romantique de la quête du narrateur est mis en relief. La chambre de l'hôtel d'Angleterre, lieu de la rencontre « absolue » des deux amants, est celle où Byron « en une seule nuit dans le bel été de 1816, a écrit *le Prisonnier de Chillon* » (p. 32). Le narrateur s'identifie non seulement à Byron, « en route déjà pour une guerre révolutionnaire qui s'est terminée dans l'épilepsie finale de Missolonghi » (p. 35), mais aussi à ses personnages Bonnivard, « patriote » (p. 34) emprisonné dans le château de Chillon, et Manfred, qui, avant de se suicider par amour, crie sa révolte à l'univers qui l'a vaincu. Les thèmes principaux de *Prochain épisode* — l'art, la révolution, l'amour, le suicide, l'emprisonnement — font ainsi écho aux thèmes d'une œuvre romantique bâtie sur l'écart entre les aspirations de l'âme et la réalité d'un monde « dégradé ». Séparatiste et membre du F.L.Q., le narrateur ressemble pourtant étrangement — par son goût de la « bonne chère », l'aisance avec laquelle il évolue dans le château somptueux de son adversaire et sa passion pour les vieilles armes — à l'aristocrate désabusé qui a étalé ses blessures à travers toute l'Europe avant d'assumer un rôle final : celui de militant dans la révolution grecque.

Parce que les allusions à Balzac et à Ferragus n'assument leur sens que selon l'endroit où elles apparaissent dans le roman, nous les examinerons dans leur contexte au chapitre suivant. Constituant une réflexion suivie sur la puissance relative de l'art et de l'action, ces allusions fournissent de plus une clé pour l'ironie du roman entier. Dans une scène du roman du narrateur qui suit de près l'évocation de la rencontre amoureuse avec K, le héros entend par hasard une conversation sur la théorie de Simenon, selon laquelle Balzac aurait été impuissant. L'un des interlocuteurs ayant protesté que dans les lettres de Balzac à madame Hanska « il y a des allusions précises à leurs rencontres amoureuses » (p. 52), l'autre répond : « Mais justement, c'est dans cette surenchère verbale au sujet de simples rencontres, que Simenon a détecté quelque chose de louche. Un homme qui a possédé une femme n'a plus besoin, après cela s'entend, de lui écrire sur le mode persuasif... » (p. 52). Cette phrase met en question non seulement le roman du narrateur, qui est clairement une compensation à son isolement réel, mais aussi l'authenticité des passages lyriques où il évoque ses rencontres « réelles » avec la femme aimée. Tout le roman apparaît dans cette lumière comme un édifice mensonger, mais qui expose son propre mensonge.

César et les Helvètes : l'histoire comme énigme

Enfin, débordant les cadres de l'ironie proprement dite, la série d'allusions reliées à César et aux Helvètes constitue un « code » ou un « chiffre » qui semble contenir une clé pour l'énigme du roman entier. Dans la conférence du mystérieux professeur H. de Heutz sur « César et

les Helvètes », annoncée pour le 1ᵉʳ août (fête nationale de la Suisse), le « héros »
du narrateur décèle une « corrélation subtile » (p. 12) avec sa propre histoire. En
manquant de peu cette conférence, il laissera filer entre ses doigts l'objet de sa
poursuite. Dans le château de H. de Heutz, un précieux exemplaire de l'*Histoire
de Jules César, guerres civiles* par le colonel Stoffel (Paris, 1876) contient un
ex-libris indéchiffrable qui apparaît au héros comme un « chiffre hermétique »
(p. 131). Dans le « lien incontestable » entre le livre de Stoffel, la conférence,
l'ex-libris et H. de Heutz réside « la clé d'une énigme » (p. 131). Finalement, il
est suggéré que la clé pour le papier codé découvert par le héros dans sa chambre
d'hôtel se trouve dans le récit de la bataille d'Uxellodunum par Stoffel. (À
Uxellodunum, lieu de la dernière confrontation de la campagne gauloise, César fit
preuve d'une brutalité démesurée afin de décourager des révoltes subséquentes [10].)

Assez simple à la surface, cette série d'allusions, comme la forme même du
roman, constitue un piège pour le lecteur qui cherche à en cerner la signification.
L'histoire elle-même, comme l'œuvre artistique, apparaît comme un long corridor
de miroirs, au fond duquel la signification se dérobe infiniment au chercheur. Et
pourtant, au cours de sa poursuite de la signification *ultime* et irretrouvable, le
lecteur en viendra peu à peu à voir que le présent ne peut se comprendre en
isolement du passé qui l'a précédé, que le passé lui-même assume une nouvelle
signification à la lumière du présent, et que tous deux peuvent déboucher sur un
futur qui n'est pas une apothéose *mythique,* mais plutôt la continuation d'une lente
et patiente genèse. Au fond de l'énigme de ces allusions gît cependant un problème
qui semble insoluble : comment faire le saut entre le vide intemporel de la colonisation et la santé organique de l'histoire ?

La corrélation décelée par le narrateur-héros entre sa propre situation et
celle des Helvètes suggère évidemment un rapport analogique entre la situation du

---

10. Julius Caesar, *The Conquest of Gaul,* traduit par S. A. Handford, Pelican Books,
1963, p. 255-258.

Québec et celle des nations conquises par César au cours de son expansion de l'empire romain. Tandis que la figure de César se relie à celle de l'adversaire H. de Heutz et aussi, indirectement, à celle du général Wolfe (p. 130), l'on déduit facilement que le narrateur, dans cette « équation », se place du côté des Helvètes, des peuples gaulois et des héritiers de Montcalm. Mais, comme toutes les oppositions absolues de *Prochain épisode,* celle-ci n'est simple qu'en apparence. Son ambiguïté provient, d'une part, de la fascination exercée par la figure du conquérant et, d'autre part, de l'impossibilité de dissocier l'identité des peuples conquis de celle de leur conquérant. En outre, lorsqu'on y ajoute le fait que les descendants des *victimes* (Helvètes et Gaulois) représentent une des forces colonisatrices contre lesquelles le Québec cherche à affirmer sa propre identité, et lorsqu'on songe aux implications fédéralistes de l'allusion à l'histoire helvétique, l'on se trouve égaré dans un labyrinthe de significations contradictoires.

Un ouvrage mineur de l'auteur, qui date de 1962, jette de la lumière sur les allusions à César. Dans le téléthéâtre *la Mort de César* [11], Aquin recourt au mythe d'Œdipe pour explorer les rapports entre les figures de l'autorité (César) et de la révolte (Brutus, qui, après avoir assassiné César, découvre qu'il est son fils illégitime). À la différence de *Prochain épisode, la Mort de César* montre l'accomplissement de l'acte de révolte ; mais dans les deux ouvrages la destruction de l'adversaire politique apparaît comme une destruction de soi. Si, dans le contexte de *Prochain épisode,* l'acte de révolte a une teinte de parricide, c'est que le narrateur, en affirmant sa propre identité et celle de son peuple, doit se mettre en opposition avec les forces mêmes qui l'ont façonné — en particulier les cultures britannique, européenne et canadienne-anglaise. Et puisque certains éléments de ces cultures ont été intériorisés chez le Canadien français, celui-ci ne peut les extirper de son moi sans se détruire lui-même.

11. Résumé dans *Point de fuite,* p. 77-82.

L'ambiguïté des rapports entre le conquérant et le conquis est suggérée aussi par l'allusion aux Helvètes. Victimes presque *archétypiques,* les Helvètes ne nous sont connus que par les écrits de César, donc à travers la perspective de leur conquérant. Frustrés par l'agression de César de leur propre désir d'établir une nation, ils ont cependant légué à leurs descendants une culture enrichie et transformée, non pas détruite, par le contact avec la culture romaine. Plus que des frères des Québécois dans la conquête, les Helvètes et leurs descendants sont un témoignage historique de la possibilité pour une culture longtemps asservie et pétrie d'éléments d'emprunt d'accéder à la globalité d'expression. Le paysage suisse, devant lequel le narrateur-héros éprouve une sensation de « bien-être insensé » (p. 107), est un « corrélatif objectif » de cette lente genèse d'une culture à travers les détours imprévisibles de l'histoire :

> « Une lumière diffuse baignait la vallée du Rhône et l'architecture déchaînée du paysage qui se déroule autour de Coppet en autant de styles qu'il y a d'époques qui se superposent, depuis les cultures récentes de la vallée méridionale jusqu'aux têtes de plis de la haute antiquité glaciaire [...] je contemplais l'incomparable écriture de ce chef-d'œuvre anonyme fait de débris, d'avalanches, de zébrures morainiques et des éclats mal taillés d'une genèse impitoyable » (p. 107).

À cause de ses résonances fédéralistes, cependant, l'allusion à l'histoire helvétique demeure extrêmement ambiguë.

Ainsi, plutôt que de fournir une réponse simple au dilemme du peuple québécois, les allusions à César et aux Helvètes intensifient l'interrogation dans l'esprit du lecteur. Mais paradoxalement, en l'amenant à poser le problème dans une perspective historique, elles l'ont déjà rapproché d'une solution. Car si la pleine réalisation de l'identité québécoise semble se dérober dans un avenir imprévisible, elle est déjà en train de se réaliser grâce à l'accession du lecteur à une perception plus consciente de la réalité collective. « Un homme se définit par son projet », a dit Jean-Paul Sartre. « Un peuple aussi », ajoute Aquin [12].

Les procédés de l'ironie et de l'ouverture dans *Prochain épisode* visent donc à créer un conflit dans la conscience du lecteur, à lui faire dépasser la dualité d'une perception absolutiste du réel, et à l'amener vers de nouvelles synthèses au sein du relatif. Dans la mobilité incessante de la perspective dialectique, l'art et l'histoire n'apparaissent plus comme des domaines fermés, absolus, séparés l'un de l'autre et éloignés du lecteur, mais comme des processus complémentaires auxquels il peut participer. Nous verrons, cependant, en suivant l'aventure romanesque du narrateur, que la réconciliation des contradictions sur le plan de la perception n'abolit pas la dissonance dans la réalité ; et que la puissance transformatrice de l'art est insuffisante sans le complément de l'action dans l'histoire.

12. « La fatigue culturelle du Canada français », *Liberté,* vol. IV, n° 23, mai 1962, p. 308.

chapitre 2

Structures et significations romanesques

En étudiant l'ironie et l'ouverture du roman-miroir qu'est *Prochain épisode,* nous avons vu comment le lecteur, tout en s'identifiant au narrateur, est amené à se distancer de lui, pour devenir conscient de sa propre situation devant le livre et devant la réalité du Québec. Dans ce chapitre, en traçant le déroulement du même processus destructeur et créateur dans les rapports entre le narrateur et son personnage, nous verrons comment la double perspective se déploie à l'échelle de la totalité structurale et produit, au point culminant de l'intrigue, une véritable scission du roman en deux significations contradictoires, qui semblent correspondre respectivement au *contenu* et à la *forme* du roman.

Déchiré entre deux identités (artiste et révolutionnaire), le narrateur cherche à surmonter sa division interne par l'écriture. Nous verrons comment son roman, conçu dès l'origine comme un « livre à thèse » (p. 70), où la moitié révolutionnaire doit dominer la moitié artiste, refuse d'être cette construction volontariste solide et fermée ; il s'écroule en trois étapes successives, et amène le narrateur vers la possibilité d'un équilibre entre ses contradictions, dans un art ouvert et mouvant qui incarne les ambiguïtés de son pays. C'est à partir de ce moment que le trompe-l'œil se produit et que le contenu et la forme du roman semblent suivre des voies séparées, tiraillant le lecteur entre leurs vérités contradictoires. Au niveau du *contenu,* le narrateur refuse l'équilibre offert par la création artistique pour retourner à la lutte révolutionnaire, devenue non plus une recherche d'absolu mythique, mais une option lucide dont le lecteur ne peut s'empêcher d'apprécier la nécessité. Au niveau de la *forme,* cependant, l'on sent dès ce moment que le narrateur trahit la vérité de son expérience littéraire et détruit la cohérence interne de son livre. Le lecteur débouche sur une perception dialectique de la réalité, dans laquelle la vérité, toujours un peu au-delà de son étreinte, représente un équilibre entre les multiples contradictions du réel. Il est renvoyé à la vie, avec une conscience nouvelle de la nécessité du changement [1].

La situation narrative initiale

CHAPITRES I-IV

Le vide qui précède la création.— Le narrateur de *Prochain épisode,* un révolutionnaire emprisonné, affronte pour la première fois de sa vie le vide de son existence. Non seulement coupé de l'action, mais voyant la validité de cette action contestée par l'analyse psychiatrique qu'il doit subir, il est comme un homme sans visage dont le masque a été arraché :

« Plus j'avance dans le désenchantement, plus je découvre le sol aride sur lequel, pendant des années, j'ai cru voir jaillir une végétation mythique, véritable débauche hallucinatoire, inflorescence de mensonge et de style pour masquer la plaine rase, atterrée, brûlée vive par le soleil de la lucidité et de l'ennui : moi ! [...] Dévoilée une fois pour toutes, ma face me terrorise » (p. 16).

1. Puisque ni le personnage principal de *Prochain épisode* ni le personnage qu'il invente n'ont de nom propre, nous utiliserons habituellement le terme « narrateur » pour désigner celui qui écrit et le terme « héros » pour le personnage de son roman. Dans les passages où l'identification entre les deux est totale, nous parlerons du « narrateur-héros ».

Dans cet état de néant et de dispersion intérieurs, le narrateur a la sensation de tomber lentement dans une « fosse liquide » (p. 9) où tout ce qui est solide se dérobe à lui : « Je n'ai pas de point de repère qui me permette de mesurer ma vitesse. Rien ne se coagule devant ma vitrine ; personnages et souvenirs se liquéfient dans l'inutile splendeur du lac alpestre où je cherche mes mots » (p. 11).

Si cette sensation d'une chute infinie dans le vide est symptomatique d'une crise d'identité individuelle, elle a aussi des résonances collectives. « Symbole fracturé de la révolution du Québec » (p. 25), le narrateur représente tout un peuple épuisé par l'ambiguïté de sa situation politique et culturelle, exclu de l'histoire, égaré dans l'espace illimité d'une temporalité qui lui échappe :

> « En moi, déprimé explosif, toute une nation s'aplatit historiquement et raconte son enfance perdue, par bouffées de mots bégayés et de délires scripturaires et, sous le choc noir de la lucidité, se met soudain à pleurer devant l'immensité du désastre et l'envergure quasi sublime de son échec » (p. 25).

Ce présent que le narrateur éprouve comme absence se situe entre un passé et un avenir qu'il investit de la plénitude dont il est privé : valeurs absolues du pays, de la femme aimée et de la révolution à venir. Passé et avenir se fondent dans les évocations à échelle cosmique de l'union avec l'aimée, union que le narrateur perçoit comme gage de la révolution à venir : « Ce matin-là c'était le beau temps, celui de la jointure exaltée de deux jours et de nos deux corps. Oui, c'était l'aube absolue, entre un 26 juillet qui s'évaporait au-dessus du lac et la nuit immanente de la révolution » (p. 33).

Si, derrière la beauté lyrique des passages où le pays, la femme et la révolution sont évoqués, on sent quelquefois une urgence presque frénétique, c'est à cause du désespoir grandissant avec lequel le narrateur tente de se les rendre présents. Si le caractère mythique de ces évocations leur confère une signification collective, il indique aussi que l'amour de la femme et du pays sont des absolus qui se dérobent au narrateur. C'est par un effort conscient qu'il doit réveiller en lui ses souvenirs et son espoir, car « tout me déserte à la vitesse de la lumière » (p. 17). Le souvenir de l'aimée devient de moins en moins précis : « Il n'y a plus rien de certain que ton nom secret, rien d'autre que ta bouche chaude et humide, et que ton corps merveilleux que je réinvente, à chaque instant avec moins de précision et plus de fureur... Tout s'effrite au passé » (p. 10-11). De même, le narrateur ne peut plus se cacher l'immense difficulté, sinon l'impossibilité, de faire la révolution dans son pays : « Arrive un moment, après deux siècles de conquête et 34 ans de tristesse confusionnelle, où l'on n'a plus la force d'aller au-delà de l'abominable vision » (p. 25). Bien que le narrateur n'en soit pas encore conscient, l'ambiguïté est déjà suggérée par les noms anglais des villages des Cantons de l'Est dont il se souvient avec nostalgie : « Sur cette route solitaire qui va de Saint-Liboire à Upton puis à Acton Vale, d'Acton Vale à Durham-sud, de Durham-sud à Melbourne, à Richmond, à Danville, à Chénier qui s'appelait jadis Tingwick, nous nous sommes parlé mon amour » (p. 10).

L'immobilité que le narrateur ressent comme caractéristique de son vide intérieur est aussi mouvement, mais un mouvement oscillatoire qui ne va nulle part, qui se nie aussitôt, une succession sans fin de montées vers la plénitude et de retombées dans le vide. Toutes ses poussées, souvent contradictoires en apparence (désir du suicide, de la violence, de la femme, de la révolution, désir d'écrire) traduisent son unique obsession : mettre fin à sa chute liquide. Finies, « la maladie honteuse du conspirateur, la fracture mentale, la chute perpétrée dans les cellules de la Sûreté » ; fini « le projet toujours recommencé ». « Et que je vole enfin ! [...] Je rêve de mettre un point final à ma noyade qui date déjà de plusieurs générations » (p. 35-36).

Pour dompter son état intérieur, le narrateur s'embarque dans la création d'un roman jailli d'une double exigence : par l'intrigue il espère solidifier ses valeurs révolutionnaires, mais en même temps il descendra dans les régions subconscientes de son être, à la recherche de sa vérité profonde. L'intrigue se déroulera autour du lac Léman, tandis que la descente au fond de soi sera représentée par une plongée au fond de ce même lac, où se trouve reflété le paysage de l'intrigue romanesque : « C'est autour de ce lac invisible que je situe mon intrigue et dans l'eau même du Rhône agrandi que je plonge inlassablement à la recherche de mon cadavre » (p. 10).

L'intrigue à la surface du lac : projection du désir d'être révolutionnaire.— Le roman du narrateur, tel qu'il le conçoit et voudrait l'écrire, sera une construction *fermée,* l'antithèse de sa situation réelle. Angoissé par le néant, il remplira son vide de mots, créant ainsi un édifice solide et posant un obstacle à sa chute :

> « ... je gagne quelque chose à ce jeu, je gagne du temps : un temps mort que je couvre de biffures et de phonèmes, que j'emplis de syllabes et de hurlements, que je charge à bloc de tous mes atomes avoués, multiples d'une totalité qu'ils n'égaliseront jamais [...] Je farcis la page de hachis mental, j'en mets à faire craquer la syntaxe, je mitraille le papier nu... » (p. 13-14).

Dans la conception originelle des personnages, du temps et de l'espace de son roman, il investit son œuvre de la certitude qui manque à sa vie réelle.

Se sentant dispersé, incertain de son identité, et aspirant à endosser une identité de révolutionnaire, il invente un héros simple, sans ambiguïté : jeune révolutionnaire à la poursuite d'un ennemi qui lui aussi se définit clairement, comme agent contre-révolutionnaire. Le roman, écrit à la première personne, sera un mélange d'autobiographie et de fiction ; ainsi ce héros révolutionnaire sera le narrateur, mais libéré de son incertitude. Chez lui, aucune division : le masque colle parfaitement au visage.

De même, le temps du roman sera la réflexion solidifiée du temps réel. Le narrateur y représente la plénitude — dont il a dans la vie réelle la nostalgie et vers laquelle il se dirige confusément — par deux événements précis, entre lesquels, en une période d'un peu plus de vingt-quatre heures, se déroulera toute l'intrigue. La plénitude passée est transposée dans le roman sous la forme d'une nuit d'amour avec la femme K (Québec ?) dans une chambre de l'hôtel d'Angleterre à Lausanne. La plénitude espérée dans un avenir vague devient un rendez-vous avec l'aimée en un temps et un lieu précis : à six heures trente le lendemain de la première rencontre, sur la terrasse du même hôtel. Avant ce rendez-vous le héros doit accomplir une mission bien définie : tuer l'agent contre-révolutionnaire. Le temps romanesque s'ordonne en vue de ce but précis et de ce rendez-vous que le héros ne doit pas manquer, perdant ainsi le caractère de fragmentation qu'a le temps réel. Le narrateur s'est créé des points de repère.

Pour échapper à l'espace réduit de sa prison et à la sensation de tomber dans un abîme sans fond, le narrateur situe son roman dans les Alpes, dont les voûtes sont comme des abîmes en hauteur et où l'espace se déroule à l'infini. Ainsi son roman sera le miroir renversé de sa situation réelle, le rassemblement de ses éléments dispersés, un édifice pour remplir son vide. Cependant ce sera plus qu'une « contre-vérité compensatoire » (p. 91), car par le mensonge de l'art le narrateur espère transformer sa réalité.

La plongée du narrateur-artiste.— Le paradoxe de l'art c'est qu'il est mensonge et vérité à la fois. Sachant que pour se forger une identité il doit non seulement solidifier ses valeurs révolutionnaires mais aussi se situer par rapport à ces valeurs, le narrateur assume la liquidité à laquelle il est condamné et en fait une expérience positive : la descente au fond de soi.

Cette descente volontaire jaillit de la moitié « artiste » du narrateur. Encaissé dans une capsule façonnée de mots, il plongera, nouvel Orphée, au-dessous de la surface du lac Léman, où il verra reflétée l'intrigue qui se déroule à la surface : « Encaissé dans mes phrases, je glisse, fantôme, dans les eaux névrosées du fleuve et je découvre, dans ma dérive, le dessous des surfaces et l'image renversée des Alpes » (p. 7). La réflexion sous-marine de la femme K, but de la quête du héros, sera Eurydice : « Eurydice, je descends. Me voici enfin. À force de t'écrire, je vais te toucher ombre noire, noire magie, amour [...] Au terme de ma décadence liquide, je toucherai le pays bas, notre lit de caresses et de convulsions » (p. 20). Le reflet de H. de Heutz, l'adversaire que le héros doit tuer avant de retrouver l'aimée, sera le cadavre du narrateur lui-même : « je plonge inlassablement à la recherche de mon cadavre » (p. 10).

Ainsi, par la plongée, le narrateur descend vers sa vérité artistique, posant, comme il l'avait fait par l'intrigue de son roman, un terme artificiel à sa chute. Aux deux niveaux, il espère échapper à l'ouverture intolérable de son expérience.

L'ambiguïté se révèle.— Le *suspense* de *Prochain épisode* ressort de la tension entre ses deux voyages, qui se renvoient sans cesse des reflets et se contaminent mutuellement. Chaque fois que le narrateur prendra son élan dans le roman qu'il écrit ce sera pour être arrêté par une contradiction insurmontable entre la situation narrative, l'intrigue et la descente au fond du lac. Chaque fois, il abandonnera le roman pour le reprendre plus tard.

Ainsi, avant même que l'intrigue ne commence, elle est arrêtée par une hésitation dans la descente sous-marine. Lorsque, sous l'eau, la forme d'Eurydice se dérobe au narrateur (« je frôle ton corps brûlant et le perds aussitôt [...] je distingue trop de formes fuyantes qui te ressemblent et ne sont jamais toi » p. 20), le héros bute sur un obstacle : il découvre dans sa chambre d'hôtel un crypto-gramme qu'il n'arrive pas à déchiffrer. Mais le jeu de glaces est encore plus complexe, car Eurydice et le cryptogramme indéchiffrable sont des concrétisations du dilemme du narrateur devant son roman, lequel se révèle déjà à lui comme insaisissable :

> « En butant sur cette équation à multiples inconnues que je dois résoudre avant d'aller plus avant dans mon récit, j'ai le sentiment de me trouver devant le mystère impénétrable par excellence. Plus je le cerne et le crible, plus il croît au-delà de mon étreinte [...] J'écris dans l'espoir insensé qu'à force de

paraphraser l'innommable, je finirai par le nommer. Pourtant, j'ai beau couvrir de mots ce hiéroglyphe, il m'échappe... » (p. 21-22).

À la deuxième session d'écriture, ayant laissé tomber pour le moment le cryptogramme gênant, le narrateur évoque la rencontre de son héros avec la femme K. Mais le caractère merveilleux de ce moment, au lieu de lui servir d'évasion, le rend encore plus conscient de sa solitude présente. Si la projection hors de soi dans une plénitude imaginée ne réussit pas c'est que dans les régions subconscientes de son être le narrateur continue de descendre et qu'il entrevoit la dissolution des valeurs absolues qui soutiennent son intrigue : « ... si l'hôtel d'Angleterre se désagrège dans le tombeau liquide de ma mémoire, si je n'espère plus d'aube au terme de la nuit occlusive et si tout s'effondre aux accords de Désafinado, c'est que j'aperçois, au fond du lac, la vérité inévitable, partenaire terrifiant que mes fugues et mes parades ne déconcertent plus » (p. 33).

À la fin de la première section du roman, le narrateur, en dépit des obstacles, a réussi à établir les principales données de son intrigue. Le héros quitte la femme K, ayant reçu d'elle sa mission, qu'il doit accomplir avant de la rejoindre vingt-quatre heures plus tard sur la terrasse de l'hôtel d'Angleterre.

La désolidification du roman
CHAPITRES V-XII

Le masque révolutionnaire se décolle.—
Le narrateur, en inventant un personnage révolutionnaire sans contradictions internes, espère échapper à sa propre dualité. Mais les choses se passeront autrement, et c'est le héros qui sera contaminé par la réalité double du narrateur. Nous verrons le narrateur lutter avec son héros pour faire coller à son visage le masque

fait que jouer au révolutionnaire. Après trois incidents dans lesquels le masque se détachera progressivement du visage, nous verrons le narrateur céder à la liberté de son personnage. L'édifice qu'était son roman commence à s'écrouler.

En commençant d'écrire, le narrateur avait espéré résister à la contestation psychiatrique en se dédoublant, en s'appropriant la puissance du personnage balzacien qu'il admire : « Je veux m'identifier à Ferragus, vivre magiquement l'histoire d'un homme condamné par la société et pourtant capable, à lui seul, de tenir tête à l'étreinte policière et de conjurer toute capture par ses mimétismes, ses dédoublements et ses déplacements continuels » (p. 16). Il conférera donc à son héros la puissance de Ferragus. Pourtant, à peine a-t-il placé son personnage dans une situation qui compense sa propre immobilité que le narrateur dénonce son propre jeu et retombe dans le désespoir : « Je passe mon temps à chiffrer des mots de passe comme si, à la longue, j'allais m'échapper ! [...] j'envoie mon délégué de pouvoir en Volvo dans le col des Mosses [...] croyant peut-être que l'accroissement de sa vitesse agira sur moi et me fera échapper à ma chute spiralée dans une fosse immobile. Tout fuit ici sauf moi » (p. 47-48).

Dans l'épisode romanesque qui suit ce moment de lucidité le héros laisse tomber pour la première fois son masque d'homme d'action pour dévoiler un visage d'artiste. Assis dans un café à Genève, il entend une discussion parmi ses voisins de table concernant la prétendue impuissance de Balzac, et se met à rêver au romancier et à son personnage :

« Je voyais Balzac assis à ma place et rêvant d'écrire l'Histoire des Treize, imaginant dans l'extase un Ferragus insaisissable et pur, conférant à ce sur-homme fictif tous les attributs de la puissance qui, au dire de mes voisins anonymes, avait fait cruellement défaut au romancier. Vienne la puissance triomphale de Ferragus pour venger l'inavouable défaite... » (p. 53).

Or, loin d'être l'incarnation de Ferragus comme le narrateur l'a voulu, le héros ne fait lui aussi que jouer à ce rôle : « Ferragus me hantait, ce soir-là, dans révolutionnaire. À son tour le héros luttera pour se révéler comme artiste qui ne cette ville injuste au romancier ; le vengeur fictif et sybillin inventé par Balzac entrait lentement en moi [...] j'étais prêt, moi aussi, à venger Balzac coûte que coûte en me drapant dans la pèlerine noire de son personnage » (p. 53). On le sent plus près du « rêveur » Balzac que de son personnage puissant. Ainsi dans cet incident la puissance du héros se révèle comme un masque. Mais, à la différence de son créateur, le héros s'illusionne et se croit vraiment puissant. Dans un état d'euphorie (« J'étais prêt à frapper impatient même... » — p. 53), il sort du café à la poursuite de son ennemi, qui l'entraîne dans un vieux quartier de la ville. C'est en rêvant aux révolutionnaires russes qui ont jadis habité ce quartier qu'il se fait assommer par l'ennemi : « Et pendant que je rêvais aux grands exilés [...] et à l'instant où je m'y attendais le moins, je reçus un coup sec dans les reins et un autre, plus dur encore, d'aplomb sur la nuque » (p. 55).

Dans le deuxième épisode de cette section, le masque se décollera encore plus du visage du héros, car pendant qu'il joue le rôle d'un impuissant, l'impuissance se révélera comme sa vérité. Mais paradoxalement, c'est en jouant ce rôle qu'il reprendra le dessus sur H. de Heutz.

Le héros, emprisonné dans le château de H. de Heutz, se trouve dans une situation qui reflète l'emprisonnement et l'état d'esprit du narrateur : « Quelque chose qui ressemble à une thrombose me paralyse ; et je n'arrive pas à émerger de cette catatonie nationale qui me fige... » (p. 58-59). À la ressemblance du narrateur, qui écrit pour meubler son vide, le héros commence à improviser un alibi : « Je parle, mais qu'est-ce que je dis au juste ? [...] je meuble, je dis n'importe quoi, je déroule la bobine, j'enchaîne et je tisse mon suaire avec du fil à retordre... » (p. 60-61). Sans l'avoir prémédité, il se trouve en train de jouer le rôle d'un grand déprimé tenté par le suicide. Chose curieuse, non seulement H. de Heutz est dérouté par cette histoire, mais le héros se sent lui-même envoûté par sa propre invention. Le masque de l'impuissant colle à son visage :

« ... je prenais mon masque de grand déprimé. Je pensais aux deux petits enfants qui m'attendaient quelque part et [...] un événement trouble se produit en moi. À vouloir me faire passer pour un autre, je deviens cet autre ; les deux enfants qu'il a abandonnés, ils sont à moi soudain et j'ai honte [...] drapé dans ma dépression de circonstance, je meurs d'inaction et d'impuissance » (p. 62-63).

Par son identification au rôle qu'il joue, le héros réussit à relâcher les défenses de H. de Heutz et à s'emparer de son revolver. Triomphant il sort du château et fait monter son adversaire dans le coffre de la voiture stationnée dehors.

L'expérience du héros dans ce chapitre est évidemment l'image reflétée de l'expérience artistique du narrateur. Cependant la signification de l'épisode change selon l'optique dans laquelle on le regarde. Au niveau de l'intrigue à la surface du lac, cette expérience figure la relation que le narrateur voudrait avoir avec son roman. Le héros réussit précisément ce que le narrateur rêve de faire en écrivant : il se transforme en ce personnage qu'il a inventé. En faisant du masque sa réalité, il s'échappe de sa prison. Vu dans la perspective de la descente sous-marine, cet épisode, dans lequel le héros assume son impuissance et la transforme par le pouvoir de l'imaginaire, suggère que le narrateur se libérera non pas en se transformant en révolutionnaire mais en acceptant sa vocation artistique et la vérité de son impuissance devant le réel. Déjà, à l'insu du narrateur, le germe d'une nouvelle conception de l'art s'insinue.

Les événements subséquents à la sortie du château constituent une troisième indication pour le narrateur que la puissance de son héros est illusoire, et qu'il est artiste plutôt qu'homme d'action. S'étant emparé du revolver de H. de Heutz, le héros tient l'occasion qu'il cherchait : tuer celui-ci sur le champ et retourner à Lausanne pour attendre l'heure du rendez-vous avec K. Mais au lieu d'agir, il prolonge sa propre incertitude et son attente en faisant monter son adversaire dans le coffre de l'automobile. Une fois en route, il songe non pas à la façon dont il doit procéder pour tuer H. de Heutz, mais, avec admiration et quelque peu d'étonnement, à la « supériorité » (p. 68) dont il vient de faire preuve dans le château.

Ne pouvant plus se cacher l'impuissance de son personnage, le narrateur se sent inondé par le spleen. Il avait voulu se créer une identité en projetant les fragments de son moi en un tout cohérent, mais le masque n'a pas collé et il doit reconnaître que son héros n'est que son propre reflet. Sous la surface du lac Léman les images de ses absolus ont disparu : « Je ne vois plus le profil de Cuba qui sombre au-dessus de moi, ni la dentelure orgueilleuse du Grand Combin, ni la silhouette rêveuse de Byron, ni celle de mon amour... » (p. 71-72). Il n'aperçoit qu'« une masse protozoaire et gélatineuse qui m'épuise et me ressemble » (p. 69).

Le projet d'écrire un roman pour « solidifier » les valeurs révolutionnaires commence ici à s'écrouler : « L'édifice fragile que j'avais patiemment érigé pour affronter des heures et des heures de réclusion craque de toutes ses poutrelles, se tord sur lui-même et m'engloutit dans sa pulvérisation » (p. 71). Si le narrateur continue d'écrire, c'est qu'il entrevoit confusément la possibilité d'une vraie puissance, qui sera beaucoup plus que la simple compensation dont il avait voulu investir son personnage. D'ailleurs il lui reste encore dans l'intrigue deux éléments solides : H. de Heutz et K.

Dédoublement de H. de Heutz.— À ce point du déroulement de l'intrigue, bien que le héros se soit révélé comme un être divisé, reflet de son créateur, H. de Heutz reste encore un personnage simple, identifié à son rôle de contre-révolutionnaire. Dans la seule rencontre entre les deux adversaires, H. de Heutz apparaissait simplement comme obstacle à la révolution. Parce qu'il se tenait à contre-jour devant la fenêtre du château, le héros, incapable de discerner son visage, ne l'avait aperçu que comme une masse sombre bloquant l'accès au paysage ensoleillé : « La silhouette parahélique de mon interlocuteur me bloque ; cet homme occupe outrageusement tout le paysage où je rêve confusément de courir en suivant les ruisseaux jusqu'au lac émerveillé » (p. 58). Dans la deuxième étape de désolidification du roman, H. de Heutz, abandonnant son unité originelle, va se révéler dans toute sa complexité. Non seulement il révélera au narrateur les ambiguïtés de son pays et de son engagement politique, mais de plus, en se transformant en double du héros, il deviendra le reflet de sa moitié artiste.

Le deuxième affrontement entre les adversaires, dans le bois de Coppet, est une répétition du premier, mais cette fois les rôles sont renversés : c'est le héros qui tient l'arme et domine son ennemi. Cependant, à son étonnement, l'homme devant lui semble se décomposer : il affirme qu'il ne connaît pas H. de Heutz et ne sait pas pourquoi le héros le poursuit. D'une façon très convaincante il reprend exactement le rôle que le héros avait joué dans le château : celui d'un déprimé-suicidaire qui a abandonné sa femme et ses enfants. L'invraisemblance même de cette histoire, ajoutée à sa ressemblance à l'histoire qu'il a lui-même débitée quelques heures plus tôt, réussit à dérouter le héros :

> « J'ai le doigt sur la gâchette : je n'ai qu'à presser [...] Pourtant j'hésite encore. L'histoire qu'il persiste à me raconter me pose une énigme. Pourquoi a-t-il choisi de me réciter exactement la même invraisemblance que je lui ai servie sans conviction ce matin même, alors qu'il me tenait en joue dans le grand salon d'Echandens ? Son audace même me fascine, et, ma foi, me le rend presque sympathique » (p. 86).

Au cours de cette rencontre dans le bois, le caractère de H. de Heutz perd graduellement son unicité. Non plus simplement obstacle à la révolution, il se révèle au héros comme son double, l'être complémentaire avec lequel il faudrait s'unir pour atteindre à la totalité de soi : « ... si je n'étais pas sur mes gardes, il m'aurait à coup sûr et pourrait me convaincre qu'il est mon frère, que nous étions nés pour nous rencontrer et pour nous comprendre » (p. 85).

La question que le narrateur s'est posée d'abord à son propre sujet, et ensuite à propos de son héros, se pose maintenant en ce qui concerne H. de Heutz : quelle est sa vérité, et quel est son masque ? Joue-t-il un rôle en se faisant passer pour un bon bourgeois égaré qui voudrait se tuer ? Ou au contraire comme il l'affirme, est-ce son identité de contre-révolutionnaire qui était un jeu ? « Ce matin, au château, je vous ai donné un spectacle. J'ai joué un rôle devant vous... Je vous le répète : la vérité est plutôt décourageante [...] Je suis un grand malade » (p. 81-82).

Il ne reste aucune certitude sur H. de Heutz, sinon qu'il est « impossible à identifier » (p. 88). Le personnage se dissout, laissant héros, narrateur et lecteurs envahis par le doute :

> « Cet homme qui pleure devant moi, qui est-ce enfin ? Est-ce Carl von Ryndt, banquier pour la couverture mais surtout agent ennemi ; ou bien H. de Heutz, spécialiste wallon de Scipion l'Africain et de la contre-révolution ; ou encore, serait-il plus simplement le troisième homme, du nom de François-Marc de Saugy, en proie à une dépression nerveuse et à une crise suraiguë de dépossession ? » (p. 87).

Ces trois identités possibles de H. de Heutz sont la contre-partie des trois possibilités qui s'offrent au narrateur en ce qui concerne sa propre identité : révolutionnaire, artiste, ou, comme le lui suggère l'analyse psychiatrique, victime d'une dépression nerveuse ?

Au niveau de la signification politique, cette deuxième rencontre avec H. de Heutz suggère les ambiguïtés inhérentes à la lutte révolutionnaire. Les forces de la contre-révolution au Québec ne sont pas facilement identifiables : ainsi l'Allemand von Ryndt pourrait correspondre aux puissances financières américaines, le Wallon de Heutz à l'élite canadienne-anglaise, et le Flamand de Saugy au Canadien français dépossédé qui opte pour le *statu quo* fédéraliste.

Ce qui est certain, c'est l'attrait exercé par la figure paternelle du dominateur sur le « fils » qui cherche à affirmer son indépendance. Comme César et Scipion l'Africain, de Heutz est l'incarnation du colonisateur bénévole, contre qui toute tentative de révolte ressemble à une « adolescence sacrilège [2] ». En même temps, le fait qu'il apparaît comme un *frère* suggère que les deux nations du Canada se ressemblent et se relient comme des doubles ou des jumeaux.

Au niveau de l'expérience artistique, cet épisode est la mise en abyme de l'action exercée sur le narrateur par sa propre création. La descente vers l'homme profond en lui domine maintenant l'intrigue superficielle, et, de même que H. de Heutz semble appeler le héros à s'unir avec lui, le roman a commencé à mener le narrateur vers une cohérence personnelle indépendante de son rôle social. Cet homme qui veut s'enraciner dans l'histoire de son pays se trouve par son art attiré hors du temps.

C'est avec ce dilemme que le narrateur est aux prises dans le chapitre x. Il ne prétend plus à aucune liberté quant à la façon dont se déroulera son roman. Il tente seulement de le rattraper : « Rien n'est libre ici [...] Je n'écris pas, je suis écrit [...] Le roman incréé me dicte le mot à mot que je m'approprie au fur et à mesure [...] Je crée ce qui me devance et pose devant moi l'empreinte de mes pas imprévisibles. L'imaginaire est une cicatrice » (p. 89-90). Ce roman l'amène vers une vérité dont il a peur, car dans la dissolution progressive il ne peut s'empêcher de voir la manifestation de ses contradictions et celles de son pays. Encore une fois il est tenté de renoncer à l'écriture : « ... depuis que mon esprit annule son propre effort dans la solution de cette énigme, je suis affligé d'un ralentissement progressif [...] Ma main n'avance plus [...] Je sens bien que le prochain virage est dangereux, et que je risque tout à m'avouer le sujet de mon hésitation » (p. 91).

Paradoxalement, à mesure que le roman détruit les valeurs absolues à partir desquelles le narrateur avait construit son ancien masque de révolutionnaire, il

2. « La fatigue culturelle du Canada français », *Liberté,* vol. IV, n° 23, mai 1962, p. 315.

marque le premier pas vers la possession d'une véritable identité de révolutionnaire. Par l'impossibilité même d'écrire ce roman le narrateur témoigne de l'aliénation de son peuple et fait ainsi un pas vers leur libération :

> « Ce livre défait me ressemble. Cet amas de feuilles est un produit de l'histoire, fragment inachevé de ce que je suis moi-même et témoignage impur, par conséquent, de la révolution chancelante que je continue d'exprimer. Ce livre est cursif et incertain comme je le suis ; et sa signification véritable ne peut être dissociée de la date de sa composition... » (p. 92-93).

Le narrateur ne se soucie plus du format final de son livre et il voit même que, aussi longtemps que son pays ne sera pas libéré, il lui sera impossible de l'achever : « Il est tourné globalement vers une conclusion qu'il ne contiendra pas puisqu'elle suivra, hors texte, le point final que j'apposerai au bas de la dernière page » (p. 93).

Disparition du dernier absolu.— Les personnages du héros et de H. de Heutz fragmentés, il ne reste de solide dans l'intrigue du narrateur que K, symbole de la plénitude particulièrement associé au pays. Dans les chapitres XI et XII, ce dernier absolu s'effondrera à son tour, et le narrateur s'abandonnera entièrement au roman devenu une fusion de l'intrigue à la surface du lac et de la descente sous-marine.

Au surgissement d'une personne venue à l'aide de H. de Heutz, le héros doit prendre la fuite sans avoir blessé son adversaire. Cette personne qu'il n'entrevoit que l'espace d'une seconde fait penser à K, ou à un double de celle-ci :

> « Il m'a semblé un moment (me suis-je trompé ?) que l'autre était une femme [...] J'ai d'abord vu des cheveux blonds. Mais comment se fier à une vision si fugace, taxée d'avance par tant de circonstances hallucinogènes ? [...] Vision [...] déformée par le danger, ce qu'il m'en souvient est vague et incertain, à moins que la peur ne rende le regard suraigu ! » (p. 105-106).

Avec la traîtrise possible de K, s'écroule le dernier absolu du narrateur. L'ambiguïté de K suggère que l'idéal de la plénitude absolue est une tromperie, et, plus spécifiquement, que le pays imaginaire érigé en absolu par le narrateur ne correspondait pas à la réalité québécoise. Le narrateur avait élevé l'art et la révolution au niveau du mythe.

Tous les masques sont tombés et il n'y a plus rien pour différencier l'intrigue miroitante de la plongée profonde du narrateur. Dès ce moment les mentions de la descente sous-marine disparaissent de *Prochain épisode,* car l'intrigue et la descente ont fusionné en une quête qui est la continuation de chacune de ces deux aventures du narrateur. Dès ce moment aussi, puisque le narrateur ne joue plus un rôle, la distance entre lui-même, son héros et H. de Heutz tend à s'abolir. Il n'est plus possible de faire la distinction entre le chasseur et sa proie : le héros se rend compte que cet homme énigmatique qu'il a mission de tuer est aussi à sa poursuite et ne fait que le conduire calmement dans un piège. Même les moments où il avait eu le dessus sur H. de Heutz lui semblent maintenant faire partie d'un plan mystérieux de son adversaire : « ... il a triché insensiblement pour me laisser le temps d'entrer dans la peau du vainqueur et de me conformer sans heurt au scénario qui avait été prévu pour m'empiéger [...] H. de Heutz avait la certitude absolue de me rattraper [...] je ne pouvais pas lui échapper » (p. 100-101). Cette prise de conscience du héros quant à la nature de sa relation avec H. de Heutz correspond à la certitude du narrateur, maintenant totale, que son roman le dirige.

La fusion de tous les éléments du roman en un tout qui jaillit de l'inconscient du narrateur est évidente dans la scène où le héros, assis dans l'Opel de H. de Heutz, hésite quelques instants avant d'entrer de nouveau dans le château. Pour la première fois, l'intrigue du roman correspond exactement à la situation du narrateur dans sa prison, et à la descente sous le lac Léman.

L'espace clos de l'habitacle de l'Opel est la prison du narrateur, mais c'est aussi le submersible métallique dans lequel il avait plongé sous l'eau. La vérité vers laquelle il se sentait dirigé, et qui avait été symbolisée par le fond du lac, se situe maintenant symboliquement dans le château. La fusion entre le narrateur, son héros et H. de Heutz est aussi totale que possible, car le héros, au volant de l'automobile de son adversaire, sent qu'il a endossé l'identité de celui-ci :

> « ... j'étais en quelque sorte déguisé en H. de Heutz, revêtu de sa cuirasse bleue, muni de ses fausses identités et porteur de ses clés héraldiques [...] je me déguise en victime du meurtre foudroyant que je vais commettre. Je prends sa place au volant d'une Opel bleue, je serai bientôt dans ses meubles : c'est tout juste si je ne me mets pas dans sa peau... » (p. 115-116).

Le temps et l'espace du roman, maintenant dépourvus de leur caractère solide, reproduisent la situation temporelle et spatiale du narrateur. Dans son attente devant le château le héros se sent « immobile », coulant « dans une asthénie oblitérante comme dans un lit moelleux, sans opposer la moindre résistance » (p. 117). Dans cette immobilité qui est aussi une chute lente et « extasiée », il éprouve le temps comme fragmenté : « une infinité de césures dont l'amplitude grandit en même temps qu'augmente leur fréquence » (p. 118). « Mille cristaux éblouis se substituent à la fuite du temps » (p. 119).

Cette fragmentation du temps dans le roman et dans la situation narrative est le résultat du travail corrosif exercé par le roman sur l'expérience réelle du narrateur. Auparavant, le présent était un vide, mais un vide soutenu par la plénitude du passé et de l'avenir. Maintenant, les valeurs absolues rendues ambiguës par le roman, le passé et l'avenir sont aussi vides que le présent : « Je regarde immobile mon propre néant qui défile au passé » (p. 119). L'union avec l'aimée n'apparaît plus comme triomphe, mais comme l'inauguration d'une « saison tragique ».

Le narrateur ne peut plus abandonner son roman, ni influencer le cours de ce « fleuve démentiel ». Le roman jaillit maintenant entièrement de son inconscient, et le transporte *nolens volens* vers une vérité encore inconnue : « Nil incertain qui cherche sa bouche, ce courant d'impulsion m'écrit sur le sable le long des pages qui me séparent encore du delta funèbre » (p. 119).

Dans le château
CHAPITRES XIII-XVII

Le séjour du héros dans le château de H. de Heutz est le noyau structural de *Prochain épisode*. Le narrateur arrive enfin à une cohérence personnelle, sinon à la résolution de ses contradictions internes. Ici il découvre la possibilité d'un équilibre dans l'œuvre d'art, mais c'est pour être aussitôt repris par le temps, rejeté vers l'histoire et vers la nécessité de l'action révolutionnaire. Dans ces chapitres XIII à XVII, la distance ironique entre Aquin et son narrateur s'accentue et le lecteur se trouve déchiré entre les deux vérités contradictoires de la forme et du contenu du roman.

Le château de H. de Heutz, avec sa profusion d'objets d'art d'une beauté merveilleuse, représente pour le narrateur la tentation de l'univers artistique, du repos à l'intérieur de soi. Il n'y a pas d'horloge dans ce château, car le héros est sorti du temps. Pour la première fois il se trouve dans un espace habitable qui fait un contraste cruel avec sa vie d'exilé : «... le plaisir d'habiter une maison peut donc ressembler à la complaisance ébahie que j'éprouve dans ce salon ample et majestueux. H. de Heutz vit dans un univers second qui ne m'a jamais été accessible, tandis que je poursuis mon exil cahotique dans des hôtels que je n'habite jamais » (p. 128). Le révolutionnaire-artiste connaît la tentation d'abandonner sa lutte dans l'histoire pour se reposer dans le monde transcendant de sa propre création.

Les objets d'art qui envoûtent le héros sont le centre, le point culminant vers lequel le roman a mené le narrateur. Transmutations hors du temps de la lutte entre le héros et H. de Heutz, ces objets sont comme l'éternisation du moment historique vécu par le narrateur. Le guerrier nu sculpté en bas-relief sur un buffet a l'air d'être élancé « en équilibre instable » (p. 124) contre un adversaire qu'on ne voit pas. Sur un autre meuble « se déroule un combat entre deux soldats en armure » (p. 127). Cette sculpture, dont la beauté est constituée par la lutte irrésolue entre ses deux moitiés, est lourde de signification : « ... je détaille la somptueuse commode laquée, fasciné que je suis par ce combat violent et pourtant paisible qui orne ce meuble raffiné. Les deux guerriers, tendus l'un vers l'autre en des postures complémentaires, sont immobilisés par une sorte d'étreinte cruelle, duel à mort qui sert de revêtement lumineux au meuble sombre » (p. 127). Un livre dans le salon — *l'Histoire de Jules César* par Stoffel — contient un ex-libris qui est une autre image du roman du narrateur. Bien qu'il semble contenir la clé d'une énigme, cet ex-libris est indéchiffrable : « À la place du nom du propriétaire, se trouve un dessin chargé qui s'enroule sur lui-même dans une série de boucles et de spires qui forment un nœud gordien, véritable agglomérat de plusieurs initiales surimprimées les unes sur les autres et selon tous les agencements graphiques possibles » (p. 130). C'est une reproduction gravée, très rare, de *la Mort du général Wolfe* par Benjamin West, qui éveille chez le lecteur le sentiment définitif que le héros se trouve en quelque sorte chez lui.

Ces objets d'art suggèrent que la cohérence personnelle du narrateur se trouve non pas dans l'oscillation ni dans le choix de l'une ou de l'autre de ses parties opposées, mais dans un équilibre précaire entre ses contradictions. Parmi les plus parfaits des symboles aquiniens, ils sont des messages chiffrés, cachant et révélant à la fois la vérité du narrateur aux deux niveaux du pays et de l'art.

L'exploration du pays a mené le narrateur vers l'énigme des rapports entre conquérant et conquis, vers l'« axe dialectique » Canada français — Canada anglais qui est le constituant fondamental de la réalité québécoise depuis la Conquête [3]. Mais la vérité vertigineuse des objets d'art est justement celle que le révolutionnaire ne peut accepter. Ces objets suggèrent l'attente plutôt que l'action, l'attrait du conquérant plutôt que sa destruction, et le caractère éternel de l'« étreinte cruelle » des deux nations du Canada.

Au niveau artistique, ces objets révèlent les possibilités inhérentes à une esthétique baroque, ouverte et relativiste, incarnant les ambiguïtés du pays. Le souci constant du narrateur a été de « mettre un point final » (p. 35) à sa chute, de connaître sa vérité, de s'unir avec une plénitude qui se trouverait *ailleurs,* en dehors de son vide. Le caractère baroque des œuvres d'art du château, ainsi que le cheminement du roman du narrateur, suggère plutôt la possibilité d'une plénitude qui soit de l'ordre du devenir, comme dans cet art insaisissable qui embrasse le changement plutôt que la permanence. En fait, le narrateur est exclu de la connaissance qu'il cherchait, car au fond de son désir de comprendre il n'a trouvé qu'un miroitement infini. Parti à la recherche d'une identité, d'une unicité, il a été mené dans un univers multiple où il n'y a aucune certitude. L'unité que son roman lui offre se trouve au sein même de sa dispersion, dans un équilibre instable.

L'expérience du héros dans le château suggère qu'en tant qu'artiste le narrateur peut transcender tous les rôles. En acceptant les possibilités à l'intérieur de lui, il peut se posséder, devenir puissant comme Ferragus et comme « le double de Ferragus » (p. 145), H. de Heutz : « ... l'homme qui demeure ici transcende avec éclat l'image que je me suis faite de ma victime. Autre chose que sa mission contre-révolutionnaire définit cet homme. Sa double identité est disproportionnée avec le rôle qu'il remplit [...] Je suis aux prises avec un homme qui me dépasse » (p. 129).

3. « La fatigue culturelle du Canada français », *Liberté*, vol. IV, n° 23, mai 1962, p. 322.

C'est à ce point dans le déroulement de l'intrigue que la distance ironique entre Aquin et son narrateur s'accentue, et qu'une brisure se crée entre le contenu et la forme du roman. Car, tout comme le héros n'a pas su déchiffrer l'ex-libris dans le livre de H. de Heutz, le narrateur ne comprend pas la portée du message contenu dans les objets d'art. Ou peut-être refuse-t-il de comprendre, car la cohérence trouvée dans le château, étant d'ordre littéraire, ne peut également satisfaire les deux personnes qui luttent à l'intérieur de lui. L'art offre un équilibre possible, mais purement formel, qui ne saurait remplacer l'action dans le temps. De même, l'ambiguïté des rapports entre le Québec et le Canada anglais ne peut être acceptée comme une vérité immuable.

Ainsi l'émerveillement du héros ne dure pas. Soudain il devient conscient du temps qui s'écoule et de la nécessité de sortir du château avant l'heure de son rendez-vous avec K : « Ma montre s'est arrêtée à 3 heures 15. Je suis sûr pourtant qu'il est beaucoup plus tard, ne serait-ce qu'en me fiant au déclin du jour que je vois par les portes-fenêtres. Il n'y a pas d'horloge ici et je suis au cœur de la Suisse ! Comment savoir l'heure ? Cela m'importe, car je ne veux pas manquer mon rendez-vous » (p. 135). Le bien-être ressenti par le héros fait place à l'angoisse, à la peur, à une « rage folle, absolue, subite, presque sans objet » (p. 136). Le château lui semble maintenant une prison dont il a peur de ne jamais sortir. H. de Heutz est réextériorisé et redevient l'ennemi à abattre : « Rien ne m'accroche plus à celui qui hante cette maison » (p. 138). Le héros redevient révolutionnaire, mais il n'est plus le jeune idéaliste du début du roman, soutenu par ses absolus :

> « Des murailles se dressent autour de mon corps, des fers captent mon élan et cernent mon cœur : je suis devenu ce révolutionnaire voué à la tristesse et à l'inutile éclatement de sa rage d'enfant [...] C'est affreux de se retrouver aussi dépourvu [...] J'avais donc édifié mon existence sur ce peu d'âme. Je me désintègre [...] Je suis sans ressource... » (p. 137-138).

L'action paradoxale du roman est complète. Par sa contamination des valeurs absolues il a détruit le masque révolutionnaire, et a mené le narrateur-héros vers sa vérité personnelle et artistique. Mais cette contamination, en faisant passer le narrateur de l'absolu au relatif, du mythe à l'histoire, lui a aussi conféré une véritable identité de révolutionnaire. Même si rien n'a changé dans le sentiment de désemparement et de fatigue du narrateur-héros, on se rend compte qu'il a choisi le seul rôle possible pour lui à ce stade : travailler à la libération de son peuple.

En même temps, le lecteur ne peut se débarrasser du sentiment troublant que la cohérence interne du roman est détruite. Lorsque H. de Heutz arrive enfin et que le héros tire sur lui, on sent que c'est lui-même qu'il trahit et que le narrateur trahit son roman. C'est dans l'attente et non pas dans l'action que sonne la note la plus juste de ce roman. Sa cohérence et sa beauté se tiennent dans l'équilibre irrésolu du moment qui précède l'action : « Sur le point de bondir, j'attends interminablement le bon moment, le doigt appuyé sur la gâchette. D'un instant à l'autre, je vais sûrement trouver le mot qui me manque pour tirer sur H. de Heutz. Tout est mouvement ; pourtant je reste figé et j'attends, l'espace de quelques secondes, pour frapper juste » (p. 165). Quand le héros presse la gâchette, on sent que le narrateur n'obéit plus à la nécessité de son roman. L'équilibre est rompu, et le roman tombe de côté, sa cohérence détruite : « La fusillade intermittente qui s'est alors déroulée a rompu le rituel sacré de ma mise en scène : notre combat s'est accompli dans le désordre le plus honteux » (p. 165-166).

Le héros, ayant seulement blessé son adversaire, retourne à la terrasse, mais en retard pour son rendez-vous. K est déjà partie, et l'air de *Desafinado* joué par l'orchestre souligne de nouveau la discordance intérieure du narrateur-héros.

La tristesse alors ressentie par le héros vient non seulement du fait qu'il est maintenant privé de la femme aimée ; c'est aussi une nostalgie des merveilles du château et de H. de Heutz, autre moitié de lui-même avec qui les circonstances historiques ont rendu l'union impossible. En un sens, le héros se sent plus près de H. de Heutz que de K, qui est partie sans l'attendre. Il retourne à la terrasse dans l'espoir de revoir l'homme, sentant que lui aussi aura été abandonné, par la femme-double de K : « ... cette femme blonde s'est lassée d'attendre H. de Heutz. Elle est partie. Et H. de Heutz sera seul et désemparé, lui aussi » (p. 156).

Les derniers incidents du roman du narrateur augmentent nos soupçons quant à la traîtrise de K. Ayant reçu d'elle un message ambigu qui lui conseille de retourner à Montréal, le héros s'embarque pour le Canada, où il se fait arrêter presque en arrivant. Avec l'évocation du séjour en prison, la fiction rejoint enfin l'autobiographie du narrateur.

Vers le réel historique
CHAPITRE XVIII

Dans le chapitre final de *Prochain épisode,* le narrateur réfléchit à son roman et à son engagement politique. Mais plus il essaie de cerner le roman, plus celui-ci se dérobe. L'identité de la femme blonde, celle de H. de Heutz, et l'authenticité du message reçu de K lui semblent de plus en plus douteuses ; et il n'a plus aucun moyen de vérifier les faits. Ses réflexions sur le roman le conduisent à l'« inconnaissable pur » (p. 169). Il est clair qu'au narrateur qui y avait cherché une réponse, la littérature n'a apporté qu'une intensification de son interrogation.

Alors, par un choix conscient et au nom de la révolution, le narrateur refuse ces doutes : « Je verrai clair dans tout cela plus tard, quand j'aurai retrouvé la femme que j'aime. D'ici là, je n'ai pas le droit de me questionner à propos de tout et de rien, car, ce faisant, j'obéis encore à H. de Heutz » (p. 171).

Le conflit entre l'artiste et le révolutionnaire n'est pas moins grave qu'auparavant, mais le narrateur, voyant l'impossibilité pour l'écrivain de rejoindre le réel tant que la collectivité dont il fait partie restera aliénée, reconnaît la nécessité de travailler pour la révolution. C'est seulement quand le peuple québécois se possédera et possédera le réel, qu'il lui sera possible de tuer H. de Heutz et de terminer son livre :

« ... je sortirai vainqueur de mon intrigue, tuant H. de Heutz avec placidité pour me précipiter vers toi, mon amour, et clore mon récit par une apothéose » (p. 173).

Malgré l'assurance de ces lignes, le dénouement de *Prochain épisode* est ambigu. Le lecteur ne peut accepter sans scepticisme l'optimisme du narrateur quant à la possibilité de tuer H. de Heutz, car cet optimisme ressemble trop à la fausse confiance ressentie par le héros tout au long du roman. D'ailleurs, pour respecter la cohérence interne du roman, non seulement le narrateur-héros sera éternellement incapable de tuer H. de Heutz, mais il ne doit pas le tuer, car ce serait détruire l'autre moitié de lui-même.

Quant à l'intrigue du narrateur, elle aussi se termine de façon ambiguë. Faire blesser H. de Heutz par le héros était la seule solution offerte au narrateur, étant donnée l'ambivalence de sa position vis-à-vis de l'art et de l'action. Par cet événement sont également compromis le roman, qui tirait le héros vers l'union avec son double, et l'histoire, qui exigeait que celui-ci, en tant qu'ennemi de la révolution, soit tué.

Prochain épisode est donc le récit d'une lutte entre deux vérités contradictoires, celle de l'artiste et celle du révolutionnaire. Le révolutionnaire doit « demeurer invulnérable au doute » (p. 171) ; il doit accepter de jouer un rôle et d'être limité par ce rôle, dans le but de transformer la société dans laquelle il vit. Par contre, l'artiste ne peut s'ouvrir à l'inconnaissable qu'en se détachant de tout rôle limitatif. Il s'ensuit que l'art ne peut servir aucune cause : il est essentiellement interrogation plutôt que réponse.

Le paradoxe du roman du narrateur c'est que, tout en faisant mine de conduire le narrateur vers sa vérité artistique, le roman l'a transformé en révolutionnaire. Le trompe-l'œil final est comme l'image renversée de ce paradoxe. Bien que le narrateur refuse la « tentation » de l'art baroque pour retourner au « devoir » de la lutte révolutionnaire, la cohérence interne de *Prochain épisode* et sa forme baroque contredisent ce dénouement et affirment la vérité de l'expérience artistique. *Prochain épisode* nous invite à une lecture interminable, car ces deux vérités contradictoires ne sauraient se résorber dans une synthèse définitive.

En ce qui concerne le Québec et son avenir dans l'histoire, *Prochain épisode* laisse le lecteur perplexe devant l'énigme d'un peuple dont la psyché semble inextricablement mêlée à celle de son conquérant. La solution de ce dilemme appartient finalement à l'histoire, non pas à l'art : le caractère vraiment révolutionnaire du roman d'Aquin est de nous en faire prendre connaissance. Plutôt que d'offrir une solution compensatoire, il renvoie le lecteur au réel avec une nouvelle conscience de son propre rôle dans le dépassement du vertige collectif et dans la prise en main de l'histoire.

chapitre 3

« *Trou de mémoire* » : un contexte pour l'art et pour l'action

« ... j'incarne une image archétypale de pharmacien, car je rêve de provoquer des réactions dans un pays malade : je rêve de m'introduire en lui, sulfate ou soluble, pour influencer (par mon action sur les centres diencéphaliques) le cours de son agonie et transformer celle-ci en regénérescence [...] Le pharmacien (et j'en sais quelque chose !) se meut dans une aire de fascination ; il est envoûté par la mort, la sur-existence ou la façon de passer de l'un à l'autre le plus élégamment possible [1]. »

Trou de mémoire, le deuxième roman d'Hubert Aquin, est une vaste construction à plusieurs couches de signification, un « véritable tissu d'art » (p. 55) où s'enroulent avec la parfaite symétrie d'un entre-lacs médiéval des chaînons symboliques dont les combinaisons possibles semblent inépuisables. « Roman policier inconcevable [...] à l'image du Québec secoué par ses propres efforts pour obtenir un spasme révolutionnaire qui ne vient jamais » (p. 120), le livre est centré sur un « crime parfait » — le meurtre par le protago-niste de son amante canadienne-anglaise — qui relie symboliquement le double mouvement destructeur et créateur de l'œuvre à l'amour du pays « mort » que

1. *Trou de mémoire*, p. 65-66.

l'auteur cherche à ressusciter par l'alchimie de la parole. Dans cette métaphore centrale et très riche du crime parfait se réunissent les multiples niveaux analogiques du roman, dont les principaux sont ceux de l'art, de la révolution, de la pharmacologie, de la sexualité et du sacrifice de la messe. À tous ces niveaux, bien que chacun ait une valeur en soi, c'est l'acte créateur qui est le vrai sujet des paroles « délirantes » (p. 103) de l'auteur. On pourrait appliquer à chaque niveau de signification les réflexions du personnage principal sur l'acte sexuel : « Chaque orgasme ne fait que dériver d'un archétype qui [...] n'est rien d'autre que la création du monde » (p. 58).

Le roman a son point de départ dans l'idée que le peuple québécois, à cause de la colonisation, n'est pas vraiment entré dans l'histoire et n'a pas encore une tradition littéraire qui puisse servir de base pour la création de grands ouvrages. Ces deux domaines dépendent étroitement l'un de l'autre : c'est parce qu'« il n'y a pas de contexte » (p. 56), parce que « ce pays n'a rien dit, ni rien écrit » (p. 55), qu'il « reste et demeurera longtemps dans l'infralittérature et dans la sous-histoire » (p. 55-56). Dans l'espace-temps ambigu du colonialisme on sent qu'il n'y a ni commencement ni fin : il s'étire à l'infini et empêche l'enracinement, de sorte qu'on « glisse » et perd pied. Le temps du conquis est « attente visqueuse », « interminable samedi saint » (p. 38), car « le conquis s'est taillé une toute petite place entre la mort et la résurrection, il est mort et attend dans une espérance régressive et démodée un jour de Pâques qui ne viendra jamais » (p. 38).

Plus qu'une simple représentation du cercle vicieux de cet espace-temps, *Trou de mémoire* est une tentative d'en sortir. Composé d'un double mouvement destructeur et créateur, il est à la fois un meurtre et un accouchement, un passage violent de la mort à la résurrection. L'influence de Joyce a commencé à s'exercer sur Aquin à cette époque, et ce deuxième roman rappelle les mots de Samuel Beckett à propos de l'écriture de Joyce dans *Finnegan's Wake* : « *His writing is not* about *something ;*

it is that something itself [2]. » *Trou de mémoire* est un livre-événement, un contre-rituel blasphématoire reprenant sur le mode profane le mystère de la transsubtantiation, dans lequel la parole « sacramentelle » (p. 46) se veut non seulement un signe mais un agent de transformation du réel.

L'évolution depuis « Prochain épisode »

Trou de mémoire représente à la fois l'aboutissement logique de l'aventure romanesque de *Prochain épisode* et une rupture significative dans l'évolution de l'esthétique d'Aquin. Selon Aquin, *Trou de mémoire* est :

> « ... un roman archidifférent [...] Le ton, le style, les procédés, l'auteur même, celui d'il y a trois ans et celui d'aujourd'hui, ne sont plus du tout les mêmes que ceux de *Prochain épisode* [...] Pour moi, aujourd'hui, c'est un problème d'esthétique pure. Je ne suis en aucun cas un écrivain engagé, mais je véhicule forcément la réalité, celle qui m'entoure, et donc la réalité politique. Il ne s'agit pas de jouer sur deux tableaux, et s'il y a malgré tout empiètement, il ne peut pas être malsain, c'est-à-dire générateur de confusion [3]. »

Il nous semble pourtant évident que le deuxième roman prend son point de départ à l'endroit précis où le premier s'est terminé, en ce sens que l'auteur y accepte l'identité d'écrivain vers laquelle l'a mené son premier roman [4]. Comme *Prochain*

---

2. Samuel Beckett, « Dante... Bruno ; Vico... Joyce », *in Our Examination Round His Factification for Incamination of Work in Progress*, Londres, Faber and Faber, 1929, p. 14.
3. Entrevue accordée à Alain Pontaut, *la Presse*, 13 avril 1968, p. 29.
4. Non sans déchirements intérieurs. À l'époque où il rédigeait *Trou de mémoire*, Aquin a parlé dans une entrevue du sentiment « un peu désagréable » de se découvrir écrivain : « Je me sens coincé dans un destin que j'ai longtemps refusé. Que j'assume, mais non sans réticences » (*la Presse*, 30 avril 1966, p. 11).

épisode, Trou de mémoire est un jeu de miroirs disposés autour d'un espace central où l'auteur affronte les deux réalités de l'art et du pays. Mais ce qui est significatif, c'est que le mouvement oscillatoire qui dans le premier roman correspondait au déchirement du narrateur a disparu dans *Trou de mémoire*. Il ne s'agit plus dans le deuxième roman de lutter contre la tentation de l'art, ni de s'évader du réel dans le domaine du mythe, mais de prendre possession du pays réel par le moyen de l'œuvre. Ainsi que l'écrit Pierre X. Magnant, le pharmacien-révolutionnaire-écrivain-protagoniste : « Continuer. Car je tiens le roman qui me brûle intérieurement et par lequel je prendrai possession de mon pays ambigu, maudit, et de ma propre existence : ce roman est plus moi que moi-même. Il m'épuise ; à moi de l'épuiser sous l'aspect formel » (p. 63).

Aux deux niveaux de l'art et du réel historique, *Trou de mémoire* est un acte de totalisation : c'est-à-dire un rassemblement de fragments dans une totalité significative, visant à dépasser la « fatigue culturelle » du Canada français et à créer un contexte pour l'art et pour l'action.

« *Trou de mémoire* » comme « *tissu* » et comme « *dévoilement* »

La nature des liens entre l'œuvre et la réalité historique est suggérée dans *Trou de mémoire* par la double métaphore du roman comme « tissu » et « dévoilement ». Obsédé par le souvenir du cadavre nu de la femme-pays (« Notre pays est un cadavre encombrant... » p. 48), Pierre X. Magnant écrit pour *oublier,* pour cacher cette réalité intolérable. Son roman lui apparaît comme un entrelacement de fils ou de fragments qui a pour fonction de couvrir cette « nudité putrescente » (p. 143) : « Je me vois écrire ce que j'écris, conscient à l'extrême de recouvrir le corps de Joan d'une grande pièce de toile damassée d'hyperboles et de syncopes : j'improvise un véritable tissu d'art, mot à mot, afin d'en vêtir celle qui est nue, mais morte, oui morte de sa belle mort parfaite » (p. 55).

La description apparemment contradictoire du roman de Magnant que fait l'éditeur (« Son entreprise même, ce récit enchevêtré, en est une de dévoilement systématique et total » p. 75) n'est en réalité qu'une description de l'autre face de l'entreprise romanesque de *Trou de mémoire*. Car c'est paradoxalement en s'éloignant de la réalité par le jeu libre de la recherche formelle que l'artiste peut façonner un instrument pour maîtriser cette réalité. Faiseur de casse-têtes, Aquin arrange les fragments du réel dans une forme qui rend ce réel plus compréhensible et donc plus susceptible de changement :

> « Dans un roman bien fait, qui donne libre cours à l'imaginaire, tu utilises des fragments de la réalité, tu les redisposes, les réarranges dans un ordre nouveau — l'ordre fictif — et tu rends ainsi la réalité plus visible et plus lisible, ce dont tu serais incapable dans un roman qui se contenterait de refléter la réalité [5]. »

Existentialisme, marxisme et psychiatrie : l'influence de Sartre

Parler de « dévoilement » et de « dépassement » à propos de *Trou de mémoire,* c'est utiliser un vocabulaire dont les

---

5. Cité dans Normand Cloutier, « James Bond + Balzac + Sterling Moss + ... = Hubert Aquin » (entrevue avec Aquin), *le Magazine Maclean,* vol. VI, n° 9, septembre 1966, p. 14.

origines sont familières aux lecteurs de *Parti pris* (1963-1968), revue à laquelle Aquin a collaboré en 1963-1964. En effet, les courants intellectuels qui sous-tendent l'édifice de *Trou de mémoire* et conditionnent son approche de la réalité québécoise sont ceux que Malcolm Reid a désignés comme les influences majeures sur l'équipe de *Parti pris :* le marxisme, la psychiatrie, l'existentialisme de gauche (surtout Sartre), et l'anticolonialisme « fanoniste [6] ».

On pourrait consacrer une étude entière à l'influence des idées de Sartre et des marxistes anticolonialistes (surtout Albert Memmi et Jacques Berque) sur le deuxième roman d'Hubert Aquin. Nous nous bornerons à relever chez ces écrivains certaines conceptions clés qui nous semblent indispensables à une compréhension de la structure et des images de *Trou de mémoire*.

D'abord, à notre avis, l'entreprise de dévoilement et de dépassement de *Trou de mémoire* se relie de près à la méthode dialectique préconisée par Sartre dans la *Critique de la raison dialectique ;* ouvrage cité par Aquin dans « La fatigue culturelle du Canada français ». Basée sur la primauté de la dialectique historique (« Les hommes font leur histoire eux-mêmes mais dans un milieu donné qui les conditionne [7] »), cette méthode se sert des outils de l'existentialisme, du marxisme, et de la psychiatrie pour comprendre et dépasser les contradictions qu'elle décèle dans les rapports entre l'individu, le groupe ou la société auquel il appartient, et le moment historique dans lequel cet individu et cette collectivité se placent. Pour rendre compte de la pluridimensionnalité du réel, selon Sartre, il faut une dialectique « totalisante », qui, à la différence du marxisme « abstrait », respecte la particularité de chaque individu et de chaque groupe et l'unité de tous les aspects contradictoires de sa situation. Significativement, Sartre utilise l'exemple du

6. *The Shouting Signpainters,* Toronto, McClelland and Stewart, 1972, p. 36.
7. Phrase d'Engels citée par Sartre dans la *Critique de la raison dialectique,* Paris, Gallimard, 1960, p. 60.

roman traditionnel pour illustrer les limites de la pensée linéaire et unidimensionnelle que sa méthode cherche à dépasser :

> « Le romancier nous montrera tantôt l'une, tantôt l'autre de ces dimensions
> comme des pensées qui alternent dans « l'esprit » de son héros. Il mentira :
> il ne s'agit pas (ou pas nécessairement) de pensées et toutes sont données
> ensemble, l'homme est enfermé *dedans* [...] Tous ces murs font *une seule
> prison* et cette prison, c'est *une seule vie, un seul acte ;* chaque signification
> se transforme, ne cesse de se transformer et sa transformation se répercute
> sur toutes les autres. Ce que la totalisation doit découvrir alors, c'est l'*unité*
> pluridimensionnelle de l'acte ; cette unité, condition de l'interpénétration
> réciproque et de la relative autonomie des significations, nos vieilles habitudes
> de pensées risquent de la simplifier ; la forme actuelle du langage est peu
> propre à la restituer [8]. »

Or, comme nous le verrons dans les chapitres suivants, cette méthode « totalisante », pratiquée par Sartre dans la *Critique de la raison dialectique* sur le plan
de l'analyse (donc du discours direct et nécessairement linéaire), trouve un mode
d'expression privilégié dans le roman métaphorique et dialectique d'Aquin. Par
sa métamorphose en personnages successifs qui représentent les divers visages
d'un seul personnage (l'auteur, le lecteur) et par l'utilisation d'événements-méta-
phores qui ramassent en eux une multitude de significations à la fois contradictoires
et complémentaires, Aquin capte l'« unité pluridimensionnelle » du réel et transcende les limites de la « forme actuelle du langage » auxquelles Sartre fait allusion.

Ainsi la signification de *Trou de mémoire* n'est pas seulement métaphysique,
politique, esthétique ou sociologique ; à l'intérieur de l'unité formelle du roman,

---

8. Jean-Paul Sartre, *Critique de la raison dialectique*, p. 74.

tous ces niveaux de signification s'interpénètrent et se complètent. Examinons, à titre d'exemple, la métaphore du « crime parfait », le meurtre de Joan Ruskin par Pierre X. Magnant. Au niveau le plus général, la relation entre Pierre X. Magnant et Joan représente la structure dialectique du réel — la lutte entre deux forces antagonistes qui est le principe de toute création et de tout changement. Le meurtre de Joan est l'acte antidialectique par excellence, une parodie pervertie de l'union créatrice. En même temps, cette métaphore est chargée de plusieurs significations plus spécifiques. Par rapport à la thématique de *Prochain épisode,* le meurtre de Joan marque une rupture : la disparition de l'absolu et l'impossibilité de la « rencontre » mythique. Au niveau de signification esthétique, nous verrons que le crime parfait représente le « roman parfait », et le lecteur, le détective qui cherche à élucider ses énigmes. Au niveau métaphysique, on peut y voir un paradigme du lien paradoxal entre l'érotisme et la mort. Dans la perspective des rapports entre le Québec et le Canada anglais, le meurtre de Joan est à la fois une tentative d'expulser le dominateur et un signe de l'impuissance du dominé.

Finalement, ce meurtre, acte de violence *antérieur* à l'entreprise romanesque, mais qui se perpétue dans le temps et informe la structure même de l'univers romanesque, rappelle le modèle du monde capitaliste et colonialiste de la *Critique de la raison dialectique.* Réconciliant le matérialisme dialectique et la psychiatrie, Sartre pose en principe l'existence d'un crime ou d'un acte de violence initial qui, réintériorisé par les générations suivantes, devient une condition matérielle de leur réalité. En examinant le rapport symétrique qui existe entre le meurtre de Joan, dans le récit de Pierre X. Magnant, et le viol de sa sœur Rachel (RR) dans le journal d'Olympe Ghezzo-Quénum, nous verrons comment *Trou de mémoire,* véritable « cure psychiatrique », est un dévoilement graduel du viol (la Conquête) qui a traumatisé tout un peuple.

« *Amnésie culturelle* » :
l'analogie coloniale

Partant de l'analyse sartrienne, des écrivains originaires de pays colonisés ont commencé à examiner de près les effets psychologiques de la colonisation. Le *Portrait du colonisé* [9], d'Albert Memmi, ouvrage plus concret que théorique, a paru avant la *Critique de la raison dialectique* mais illustre de façon saisissante l'analyse de Sartre. Après 1960, les ouvrages de Frantz Fanon (surtout *les Damnés de la terre* [10]) et de Jacques Berque (*Dépossession du monde* [11]), ainsi que l'étude d'Aquin lui-même (« La fatigue culturelle du Canada français »), ont poussé plus loin l'exploration de la psychologie collective des peuples dominés.

Autant que d'influence directe, il nous semble qu'il s'agit d'affinité profonde entre Aquin et ces autres spécialistes de la colonisation. Aquin a interviewé Albert Memmi à Paris en 1963, pour l'Office national du film [12], et, dans les questions qu'il pose, on le sent très près de son interlocuteur. Quant à Jacques Berque, l'ami et le mentor de l'équipe *Parti pris,* Aquin l'a sans doute connu pendant le séjour de Berque à l'Université de Montréal en 1962, ou plus tard.

Dans *Trou de mémoire,* c'est le journal du révolutionnaire africain Ghezzo-Quénum (le double de Pierre X. Magnant) qui établit clairement l'analogie entre l'expérience canadienne-française et celle des peuples colonisés. Le thème de l'amnésie, ou du « trou de mémoire », qui parcourt le récit de Magnant, est explicitement relié dans le journal de Ghezzo-Quénum au refoulement d'un viol

9. Paris, Jean-Jacques Pauvert, 1966. Les premiers extraits ont paru en avril 1957 dans *les Temps modernes* et *Esprit.*

10. Paris, F. Maspero, 1961.

11. Paris, Seuil, 1964.

12. Copie dactylographiée d'un texte de l'Office national du film : « Décolonisation — Albert Memmi — Paris 1963 ».

traumatisant. Nous approfondirons davantage ce thème plus tard ; ici, nous voulons simplement signaler l'origine du concept de l' « amnésie culturelle » dans le *Portrait du colonisé*. Selon Memmi, les peuples colonisés éprouvent le passé comme absence, car l'histoire dont ils se souviennent et qui est perpétuée dans leurs institutions est celle de leurs dominateurs. En même temps, ils ont refoulé le souvenir douloureux du crime ou du viol commis contre eux par leurs conquérants [13]. *Trou de mémoire* s'inscrit directement dans cette voie, en explorant le labyrinthe du temps colonial et en affrontant le viol refoulé.

Approche critique : la dialectique de l'art et du pays

Par son caractère « totalitaire », *Trou de mémoire* résiste à l'analyse linéaire et logique. De même que les éléments d'une métaphore n'ont plus la même signification lorsqu'ils sont séparés l'un de l'autre, ainsi les sections, les niveaux de signification, les points de vue de *Trou de mémoire* sont des fragments qui contiennent chacun la totalité du roman, tout en n'assumant leur pleine signification qu'à l'intérieur de cette totalité. Ainsi avons-nous décidé d'adopter une approche critique qui reproduit la structure du roman : en suivant les « clés » offertes dans le livre même nous le regarderons de plusieurs points de vue. Idéalement, chaque perspective devrait récapituler celle qui la précède, mais dans un nouveau contexte et à un niveau supérieur, de sorte que par un mouvement en spirale nous nous approchions peu à peu de l'objet de notre étude.

---

13. *Portrait du colonisé*, p. 139-140, p. 148.

Les deux pôles du roman — l'art et la réalité du pays — se relient, se reflètent, agissent l'un sur l'autre d'une manière dialectique. Entre ces deux pôles, aussi bien qu'à l'intérieur de chacun des deux, se déploie une série d'analogies qui élargissent graduellement notre compréhension du phénomène esthétique, de la réalité sociale et historique du Québec, et des rapports qui existent entre les deux. Il va sans dire que ce processus de découverte, qui à chaque lecture du roman assume de nouvelles dimensions, est nécessairement *active,* de sorte que dans un sens littéral le lecteur devient lui-même créateur de l'œuvre. Car plutôt que de livrer immédiatement leur sens, les analogies obligent le lecteur à se distancier de l'œuvre, à se poser des questions et à modifier profondément sa façon de voir. Au niveau esthétique, les analogies entre *Trou de mémoire* et le roman policier, Dante, le tableau de Holbein, ou le théâtre de Brecht nous aident à comprendre le roman d'Aquin ; mais en même temps elles offrent une nouvelle perspective sur les autres ouvrages mentionnés. Suivant jusqu'au bout la voie ouverte par ces analogies, le lecteur arrive à une nouvelle perception de l'histoire de l'art, comme une séquence diachronique dans laquelle l'introduction d'un nouvel élément modifie les rapports entre tous les éléments déjà existants. Au niveau du pays, on est tenté de parler moins d'analogies, au sens strict, que d'une fragmentation de la perspective. Cependant la mise en rapport du Québec contemporain avec le Canada anglais (l'amour passionné mais destructeur de Pierre X. Magnant et de Joan Ruskin), le tiers monde (le journal d'Olympe Ghezzo-Quénum, qui est le reflet en miroir du récit de Magnant), son propre passé à la fois nord-américain (la conquête des Indiens et la fusion avec eux par le mariage), européen (la rencontre violente des protagonistes canadien-français, canadien-anglais et nigérien au cœur de la Suisse) et britannique (Londres, « brumeuse et immortelle », que Magnant appelle « la seule ville qui hante mon double passé » — p. 82), est à proprement parler analogique. Non seulement elle dévoile la réalité contradictoire du Québec, mais aussi elle jette une nouvelle lumière sur les autres éléments de la comparaison, nous amenant à voir la crise actuelle du Québec dans la perspective de la dialectique historique.

Hans Holbein, les Ambassadeurs, 1533 (Londres, National Gallery)

chapitre 4

L'art : métaphores, analogies et parodies

À la ressemblance de *Prochain épisode,* *Trou de mémoire* est une « mise en abyme » de sa propre genèse, une métaphore soutenue du processus de création littéraire. En même temps, l'*étoffe* du roman est tissée d'un réseau complexe d'allusions à d'autres ouvrages ; ce qui a pour effet de situer l'ouvrage à l'intérieur de certaines traditions culturelles tout en montrant de quelle façon il rompt avec ces traditions et ce qu'il a de particulier en tant que produit du Québec contemporain. C'est par ce réseau de rapports analogiques et parodiques qu'Aquin établit un « contexte » culturel pour son roman, et qu'il remplit le « trou de mémoire » qui en est le sujet principal.

Il est clairement indiqué dès les premières lignes du récit de Pierre X. Magnant que tout le roman ne sera qu'une série de reflets de l'auteur en train d'écrire :

« J'étonne, j'éblouis, je m'épuise. Au lieu de me mettre à écrire avec suite et un minimum d'application, je tourne en rond. Je ne fais absolument rien : je me contemple avec une sorte d'ivresse [...] Je viens de commencer un roman infinitésimal et strictement autobiographique dont il me presse de vous livrer — j'ajoute froidement : cher lecteur ... — les secrets [...] Le roman d'ailleurs c'est moi : je me trouble, je me décris, je me vois, je vais me raconter sous toutes les coutures... » (p. 19).

« Derrière » les mots de Magnant, le lecteur est conscient d'une sorte de « trou », un espace de vide ou de non-signification symbolisé par le cadavre de

Joan, l'amante empoisonnée par Magnant. Ce cadavre est en effet, comme le dira plus tard l' « éditeur », le « socle sombre du roman » (p. 143). Au niveau qui nous concerne ici, il représente le vide qui précède la création artistique. Magnant écrit pour ne pas parler de son crime, pour l'oublier et pour cacher l'angoisse qu'il en ressent : « J'écris, je raconte une histoire — la mienne — je raconte n'importe quoi : bref, j'enchaîne, je cumule, je gaspille les effets secondaires, qu'importe ! Pourvu que je ne parle pas... » (p. 21). Son récit sera, dans un sens très réel, une création *ex nihilo,* un voile tissé sur le néant : «... Je me vois écrire ce que j'écris, conscient à l'extrême de recouvrir le corps de Joan d'une grande pièce de toile damassée d'hyperboles et de syncopes : j'improvise un véritable tissu d'art, mot à mot, afin d'en vêtir celle qui est nue, mais morte, oui morte de sa belle mort parfaite » (p. 55).

Ce « voile » ou « tissu d'art », qui sera aussi un « dévoilement » est constitué des fils qui relient le roman à d'autres ouvrages artistiques. Nous allons examiner les rapports établis dans *Trou de mémoire* avec le roman policier et avec le « roman de la quête » (que l'auteur fait remonter à Dante) ; avec le théâtre et les arts visuels, surtout l'anamorphose ; et finalement avec le grand tableau de Holbein, *les Ambassadeurs,* dont nous verrons que le roman d'Aquin, par sa forme et son fond, est le double québécois et contemporain.

« *Un roman policier inconcevable* »

Édifié sur la charpente du roman policier — forme littéraire éminemment « logique » et « cohérente » — *Trou de mémoire* ébranle les catégories dans lesquelles nous avons tendance à emprisonner le réel, nous amenant au-delà du linéaire, vers une perception simultanée des multiples niveaux et des contradictions essentielles de la réalité. Inhérente à cette perception est la compréhension que l'œuvre d'art est un chiffre ou une métaphore du réel.

Caché derrière une série de masques, Aquin taquine le lecteur, l'encourageant à utiliser toutes les ressources de la logique traditionnelle pour percer l'énigme du livre. Mais la seule *logique* à laquelle se soumet le roman est celle du miroir. S'apercevant par exemple de l'importance accordée aux dates dans les récits de Pierre X. Magnant et d'Olympe Ghezzo-Quénum, le lecteur typique essaiera de rétablir la chronologie des événements ; mais ce sera pour découvrir que les deux récits se reflètent comme dans un miroir, la chronologie du deuxième inversant celle du premier [1]. De même, malgré les renseignements fournis par les notes érudites de l'éditeur et de RR, toute tentative de démêler les rapports entre les personnages selon les normes de la psychologie aboutira à l'échec, car ces rapports n'ont de sens que lorsque nous comprenons que les personnages sont des doubles les uns des autres et des masques de l'auteur [2].

En fait, même la nature du *mystère* est énigmatique. Il s'agit bien d'un crime, mais dès les premières phrases du récit de Magnant, le lecteur connaît l'identité

1. La chronologie des expériences du double de Pierre X. Magnant, Olympe Ghezzo-Quénum, semble se dérouler à l'envers des expériences de Magnant, comme il convient à un reflet au miroir. Dans une lettre à Magnant datée du 28 septembre 1966, Ghezzo-Quénum laisse entendre qu'il ne connaît de Magnant que sa réputation de révolutionnaire. Pourtant le journal de Ghezzo-Quénum, qui raconte le viol de son amante Rachel Ruskin par Magnant, couvre la période entre le 14 mai et le 8 juin 1966. Ce viol semble coïncider chronologiquement avec le meurtre de Joan (le double de RR) par Magnant, à Montréal, vers le 27 mai 1966. La confusion du lecteur augmente lorsque l'éditeur contredit la datation du journal de Ghezzo-Quénum en affirmant que « les derniers événements racontés par Olympe Ghezzo-Quénum [...] se sont passés en 1967 » (p. 193).

2. Les trois personnages masculins — Magnant, Ghezzo-Quénum et l'éditeur — sont des doubles de l'auteur ; les deux personnages féminins — Joan et Rachel Ruskin — représentent les valeurs (l'art, le pays, l'absolu) par rapport auxquelles les personnages masculins essaient de se situer (ou bien l'absence de ces valeurs). Parfois Rachel Ruskin assume la parole et devient alors un autre masque de l'auteur.

de l'assassin et celle de la victime. Tout le texte délirant du révolutionnaire-pharmacien tourne autour du souvenir obsédant de Joan Ruskin, l'amante canadienne-anglaise qu'il a tuée dans un « crime parfait ». Cependant, dans des notes apposées au bas des pages de ce texte, et dans des sections subséquentes du roman, deux autres personnages — « l'éditeur » et un mystérieux « RR », qui se révélera plus tard comme Rachel Ruskin, sœur et double de Joan — contestent la « vérité » du texte de Magnant et offrent leurs propres versions (contradictoires) des événements. Bien que chaque nouvelle section du livre fasse allusion à l' « énigme » du texte de Magnant et promette de dévoiler la « vérité » au lecteur, la mystification ne fait qu'augmenter.

Comme tout bon roman policier *Trou de mémoire* contient des clés aussi bien que des fausses pistes. Les plus importantes de ces clés sont les analogies établies entre le « roman » dont il est constamment question et d'autres formes artistiques (l'anamorphose, la peinture en trompe-l'œil, la machinerie théâtrale de la Renaissance, la dramaturgie de Brecht, et surtout le tableau *les Ambassadeurs* de Hans Holbein le Jeune). Ayant suivi et abandonné toutes les fausses pistes du roman, le lecteur se trouve égaré au centre d'un labyrinthe où aucune de ses anciennes conceptions de la réalité et de la littérature ne lui offre de secours. Et c'est alors que commence le deuxième mouvement de la lecture, celui-ci positif. Obligé comme le spectateur du tableau de Holbein ou d'une pièce brechtienne à se distancer de l'œuvre, le lecteur l'aperçoit tout à coup comme une totalité formelle. Toutes les contradictions apparentes du roman se résolvent dans la révélation que c'est un *livre,* c'est-à-dire un chiffre reproduisant les structures complexes du monde réel, obéissant à ses propres lois formelles, irréductible à la vraisemblance ou au réalisme.

Avec cette découverte de la *littérarité* du roman, la signification profonde de sa structure policière devient claire. Le roman est un crime parfait ; l'auteur est l'assassin qui a réussi à couvrir ses traces ; le lecteur est le détective qui n'a réussi à résoudre l'énigme que lorsqu'il s'est mis dans la peau même de l'assassin.

En ce sens « tous les romans sont policiers » (p. 82), et la tâche du critique, qui s'immerge dans l'œuvre jusqu'à ce que sa signification se révèle comme inséparable de sa forme, ressemble à une enquête policière. Mais *Trou de mémoire,* qui exige une compréhension *totale,* est le crime *parfait.* Dans le passage suivant, Aquin, dont la modestie n'est pas un des traits saillants, fait une allusion voilée aux limites des romanciers et des critiques *ordinaires :* « Dans les romans policiers modernes [...] le crime au départ est frappé d'imperfection ; sa mesure ne saurait dépasser celle des Poirot et des Maigret qui l'embaument de leurs raisonnements. Contrairement à ces inspecteurs mariés et presque normaux, Sherlock Holmes aurait pu être l'auteur des crimes qu'il démontait » (p. 81).

Pourtant, le lecteur n'est pas le seul détective dans *Trou de mémoire.* Aquin, en écrivant, porte successivement plusieurs masques — celui de l'auteur du crime parfait, mais aussi celui du grand Sherlock Holmes, « l'ancêtre victorien dont je voudrais tirer ma généalogie coloniale et mon héritage morbide » (p. 81). Il court après son récit « comme Sherlock Holmes après un assassin » (p. 65), se perd dans le labyrinthe qu'il est en train de créer et, dans l'effort de comprendre sa propre création, il se découvre et se libère.

Dante, Sherlock Holmes et Aquin : parodie du roman de la quête

La parodie du roman policier suggère et éclaire certains aspects de la situation métaphysique de l'écrivain moderne. En faisant remonter l'histoire de la littérature au « crime parfait » et en affirmant que l'on ne peut « comprendre Dante sans avoir mesuré le rôle de Sherlock Holmes et son influence incantatoire » (p. 82), Pierre X. Magnant déclenche dans l'esprit du lecteur une série de rapprochements et de contrastes entre le Moyen Âge, l'ère du cartésianisme et le vingtième siècle, entre *la Divine Comédie,* le roman policier et *Trou de mémoire,* qui peuvent être poursuivis presque à l'infini. Voici quelques-unes des possibilités suggérées par cette analogie.

Comme *la Divine Comédie* et le roman policier traditionnel, *Trou de mémoire* se rattache à la tradition littéraire de la quête, dont il reprend et transforme les principales caractéristiques pour les adapter à un monde marqué par l'écroulement des valeurs absolues. À ce niveau de signification, le « trou de mémoire » du titre est l'absence ou le vide qui sous-tend l'édifice littéraire, mettant constamment en question sa vérité. L'épithète de « blasphème » que Magnant confère à son livre (p. 57) indique que ce roman « désacralise » toute une tradition de pensée orientée vers la transcendance.

La Divine Comédie, expression de la synthèse médiévale, s'appuie sur la base métaphysique d'un univers ordonné, harmonieux et cohérent qui n'est pas sans ressemblance avec celui du roman policier. Comme le roman policier, elle est l'histoire d'une quête : la poursuite, à travers une série d'obstacles, d'un but (la vision de Dieu) dont l'existence et la possibilité d'atteinte ne sont jamais mises en doute. *Trou de mémoire,* par contre, se situe dans une sorte de *no man's land* métaphysique, à mi-chemin entre le désir de l'absolu et la constatation de son impossibilité, domaine qui, selon le critique Maurice Blanchot [3], serait le terrain privilégié de la littérature postnietzschienne.

La perspective de l'artiste moderne s'est donc déplacée vers une esthétique autonome, offrant la possibilité d'une nouvelle synthèse épistémologique. Dans *Trou de mémoire,* la poursuite, devenue métaphore du processus créateur, a acquis une valeur en soi, presque indépendante d'un but dont l'existence même est problématique et qui s'éloigne sans cesse du chercheur. Comme dans *Prochain épisode,*

---

3. *Trou de mémoire* contient des allusions à Blanchot (p. 78) et à Nietzsche (p. 71 et 112).

Aquin utilise l'image de la course, qui est à la fois une poursuite de la femme aimée et une « compétition romanesque avec les mots » (p. 42). Mais la possibilité de la « rencontre », qui illuminait tout le premier roman, n'existe plus dans *Trou de mémoire*. La femme poursuivie est déjà morte, tuée par celui-là même qui ne peut désormais renoncer à sa poursuite :

> « Je suis en train de courir les 24 heures du Mans [...] ce qui ne veut pas dire que je me rendrai jusqu'au bout de cette épreuve d'endurance [...] je roule comme un fou devant cette foule d'inconnus qui ne se lassent pas de me regarder passer et repasser et chercher, en hurlant de mes quatre morceaux de chair Dunlop, la forme fugace de Joan qui se venge de ma première victoire... » (p. 42-43).

> « ... je m'allonge sur un champ de bataille désaffecté qu'on a transformé en piste de course, cercle clos où je m'exerce à ton absence... » (p. 97).

> « Joan quittera bientôt la piste glissante sur laquelle nous sommes engagés. Elle va trop vite. Je la perds de vue... » (p. 119).

Dans *la Divine Comédie* et dans le roman policier traditionnel le chercheur possède certains points de repère pour l'orienter dans sa quête. Se mouvant dans un univers qui est sujet à la nécessité logique, il peut s'appuyer sur certains faits incontestables, ou « vérités », qui lui servent de cartes ou de guides. Dans *Trou de mémoire,* le chercheur est constamment ballotté entre des perspectives contradictoires, également valables, ou toutes mensongères.

L'expérience de l'éditeur, qui reflète et parodie celle du lecteur, illustre cette absence de points de repère. L'éditeur représente l'homme du vingtième siècle qui s'accroche encore désespérément aux modes de perception d'un âge révolu. Croyant fermement à la toute-puissance de la logique, il entreprend la tâche d'« ordonner » le récit énigmatique de Pierre X. Magnant : « je veux voir clair dans cette surcharge de confusion et d'énigme ! Oui, je veux comprendre, et j'y réussirai » (p. 138).

Mais s'étant aventuré dans le domaine des mots, signes polyvalents, l'éditeur se trouve désorienté : « J'ai le sentiment de dériver en haute mer, sans boussole et sans vivres » (p. 139). Le but de sa quête lui apparaît de plus en plus lointain : « j'ai peur que l'épaisse nuit d'encre dans laquelle je me meus ne se dissipe jamais » (p. 139).

La voie du salut, ici, n'est pas dans la réduction logique mais dans la participation à l'activité créatrice. Peu à peu, cédant au pouvoir des mots, l'éditeur commence à se transformer lui-même en écrivain : « Insensiblement, les mots que je produis me conduisent dans une toute autre direction que ceux que j'avais coutume de lire, par métier, à longueur de journée [...] je deviens moi-même ensorcelé par la parole écrite que je secrète [...] je m'égare dans les entrelacs de mon graphisme alluvial... » (p. 108).

Dernier point de comparaison entre *la Divine Comédie,* le roman policier et *Trou de mémoire,* chacun des trois ouvrages aboutit à un moment de révélation, dans la perspective duquel toutes les étapes de la quête révèlent leur sens profond et leur harmonie. Au bout de sa quête, le pèlerin de Dante aperçoit le monde entier concentré en un point qui est le visage de Dieu, chiffre ou symbole du système intégré de la connaissance médiévale. Chez Sherlock Holmes il ne s'agit plus d'une synthèse, mais plutôt d'une réduction du monde entier à l'empire de la logique. Le moment de découverte à la fin de *Trou de mémoire* signale la possibilité d'une nouvelle synthèse épistémologique, car, dans la révélation de la cohérence formelle du roman, toute l'érudition qui s'étale à travers les pages du livre s'intègre dans la grande métaphore qu'est le livre même. Dans sa totalité structurale, *Trou de mémoire* réalise l'ambition littéraire de Pierre X. Magnant, qui écrit : « Roman policier axé sur la pharmacomanie : cela peut sembler empreint de pédantisme. Il n'en tient qu'à moi d'éviter une telle accusation [...] je transcenderai l'érudition par un festonnage métaphorique qui séduira mon lecteur » (p. 63).

Théâtre, peinture, architecture

Jeu de perspective composé en trompe-l'œil, *Trou de mémoire* fourmille d'allusions à des techniques similaires dans les domaines du théâtre et des arts visuels. « Semi-finale » (p. 123-134), la section du livre qui contient la plupart de ces allusions, est elle-même un renversement de perspective abracadabrant. Dans cette section, « RR » intervient dans le déroulement du texte pour soutenir le caractère fictif de tout ce qui a précédé. Pierre X. Magnant « n'a jamais existé ailleurs que dans mon imagination » dit-elle (p. 123), et son « autobiographie » est en réalité un « roman » composé par RR elle-même. D'après cette version de la « vérité », tout le texte serait le récit déguisé d'un amour lesbien, et le personnage « Joan [4] », microbiologiste dans le récit de Pierre X. Magnant, serait en réalité l'ancienne amante de RR et spécialiste « en esthétique de théâtre ; plus précisément, elle conçoit des décors de théâtre » (p. 126). Ce rapprochement au niveau de l'anecdote avec le théâtre et avec les arts visuels permet le développement d'analogies entre *Trou de mémoire* et d'autres formes artistiques qui utilisent la perspective pour souligner le caractère paradoxal des rapports entre l'apparence et la réalité. Comme la parodie du roman policier, les analogies artistiques dans *Trou de mémoire* établissent des liens entre le vingtième siècle, ère « néo-baroque », et l'âge baroque, qui a précédé la fragmentation cartésienne. En même temps, ces analogies servent à souligner la façon dont *Trou de mémoire,* roman *total,* déborde les cadres du roman traditionnel, exigeant du lecteur la participation presque rituelle d'une pièce de théâtre et la simultanéité de perception de toutes ses parties qu'exige un tableau.

Examinons d'abord brièvement l'analogie théâtrale. Selon RR, « Joan » est non seulement reconnue comme « spécialiste de la scénographie moderne » (p. 126) et connaisseur des techniques de la distanciation brechtienne et du « théâtre total » de Polieri (p. 126), elle utilise aussi avec maîtrise la machinerie théâtrale de la

---

4. RR utilise des guillemets pour souligner que Joan n'existe pas.

Renaissance et de l'âge baroque : décors tournants et coulissants, les miroirs paraboliques qui exposent à la fois les merveilles et la tromperie de l'illusion théâtrale. *Trou de mémoire,* qui expose son propre caractère fictif tout en suggérant que l'art est aussi *réel* que le monde autour de nous, est essentiellement théâtral (et baroque) dans son sujet et dans ses techniques. Ses personnages sont autant de comédiens masqués, jouant leur rôle pour nous divertir et nous instruire avant de disparaître de la scène [5]. L'utilisation du « roman dans le roman », l'effet de distanciation produit par la juxtaposition de points de vue contradictoires [6], les commentaires de l'éditeur et de RR en bas des pages, toutes ces techniques approprient pour le roman quelque chose de la puissance d'une représentation théâtrale [7].

Passons maintenant aux analogies avec les arts qui sont *visuels* dans un sens plus restreint que le théâtre : le dessin et la peinture. Il n'y a aucun doute que pour sa documentation dans ce domaine Hubert Aquin s'est basé sur l'ouvrage passionnant de Jurgis Baltrušaitis, *Anamorphoses ou perspectives curieuses* [8], qui trace l'histoire des différents types de l'art anamorphotique et dont un chapitre entier

5. Chacun des personnages masculins meurt de façon invraisemblable lorsque l'auteur n'en a plus besoin ; Joan, morte avant que l'intrigue ne commence, survit paradoxalement dans la personne de sa sœur ; seule RR survit à la fin du roman, et en elle fusionnent les optiques de l'auteur, du lecteur et de l'éditeur.

6. L'éditeur souligne l'importance de la distanciation : « Il m'importe ici de bien marquer la distance, au sens brechtien, que j'ai prise au fur et à mesure avec ce texte [...] Sans ce recul minimum, il me serait carrément impossible de bien analyser et même de critiquer le roman de Pierre X. Magnant » (p. 101-102).

7. Aquin a explicitement souligné le caractère théâtral de *Trou de mémoire* dans une entrevue accordée lors de la parution du roman en 1968 : « Sur le plan visuel, j'ai souhaité que la page ne soit plus la page, qu'elle constitue comme au théâtre une scène doublée d'une avant-scène, d'une contre avant-scène » (*la Presse,* 13 avril 1968, p. 29).

8. Paris, Olivier Perrin, 1955. L'ouvrage a été repris et élargi dans une nouvelle édition intitulée *Anamorphoses ou magie artificielle des effets merveilleux* (**Paris, Olivier Perrin, 1969**). Bien que ce soit évidemment la première édition qu'Aquin a utilisée, nous citerons l'édition de 1969 lorsqu'elle est plus explicite et plus claire.

est consacré au tableau *les Ambassadeurs* de Hans Holbein le Jeune. Malgré le fait que Baltrušaitis n'est jamais nommé dans le roman, c'est lui le « grand historien de l'art » (p. 130) cité dans une « note de l'éditeur [9] ». La maquette de la couverture du roman — une reproduction de l'*Anamorphose d'un crâne pour miroir cylindrique* par le père Du Breuil (1649) — se trouve à la page 66 de l'ouvrage de Baltrušaitis [10]. Lorsqu'on s'aperçoit en plus des parallèles qui existent entre *Trou de mémoire* et le tableau de Holbein tel qu'il est décrit par Baltrušaitis, on ne peut s'empêcher de conclure que la lecture de Baltrušaitis fut pour Aquin l'inspiration immédiate de son roman.

Baltrušaitis définit l'anamorphose comme un jeu formel savant qui renverse les éléments et les principes de la perspective : « au lieu d'une réduction à leurs limites visibles, c'est une projection des formes hors d'elles-mêmes et leur dislocation de manière qu'elles se redressent lorsqu'elles sont vues d'un point déterminé. Le procédé est établi comme une curiosité technique, mais il contient une poétique de l'abstraction, un mécanisme puissant de l'illusion optique et une philosophie de la réalité factice [11]. »

Dans *Trou de mémoire*, RR, décrivant la maîtrise technique de « Joan », fait allusion à plusieurs types d'anamorphoses : « les perspectives accélérées ou ralenties

9. Le passage cité, légèrement modifié par Aquin, se trouve à la page 65 d'*Anamorphoses ou perspectives curieuses*, et à la page 104 de la nouvelle édition.

10. Et à la page 106 de la nouvelle édition. Comme *Trou de mémoire*, le dessin du père Du Breuil renvoie au spectateur sa propre image dans un miroir, mais cette image est transformée par le jeu formel de l'œuvre. Baltrušaitis décrit ainsi cette anamorphose : « Chez le père Du Breuil (1649), c'est une anamorphose catoptrique, construite autour d'un miroir cylindrique qui dissimule l'image sinistre. Posée sur une console ou sur une table, celle-ci apparaissait soudain aux hommes qui se regardaient dans la glace convexe, comme un rappel du destin. Le drame représenté dans la peinture est transposé dans la vie même et il se joue avec les hôtes de la maison. Ici encore l'évocation du spectre de la Mort est opérée avec des artifices optiques » (nouv. éd., p. 106).

11. *Ibid.*, nouv. éd., p. 5.

selon les théories de Borromini, Serlio, Vitruve, Sirrigatti et Durer », le procédé du *verxierbild* (tableau à secret) de Shön, « la *construzione legittima*... de Vignole et de Léonard » (p. 129). Selon elle, « cet art qui rend invisibles les images apparentes en leur infligeant une dilatation démesurée, en leur conférant une allure proprement hallucinatoire avant de leur injecter toute signification, est en tout point conforme au goût de « Joan »... (p. 129).

RR se compare elle-même à une anamorphose, établissant implicitement l'analogie entre *Trou de mémoire* et ce genre d'art. Mais ce qui différencie le roman d'Aquin de ses antécédents, c'est justement l'écroulement de l'Absolu, l'impossibilité du « temps retrouvé ». Privée de l'amour de « Joan », qui fut le centre de sa vie, RR se sent « comme une effigie distordue qui, jamais regardée obliquement et selon le bon angle, reste infiniment une image défaite » (p. 129). Elle se compare en particulier à un « tableau secret », version « ironique » de l'anamorphose qui réunit en un seul tableau deux images qui sont un commentaire l'une de l'autre :

« Tableau secret aux lignes rallongées avec extravagance et non sans cruauté de ta part, je m'étire lamentablement dans une perspective que tu as préméditée et comme une anamorphose que nul regard amoureux ne rendra à une forme raccourcie, je veux dire : au temps retrouvé ! Tableau secret, je m'allonge démesurément sur une feuille bi-dimensionnelle qui, par un effet d'optique, m'enserre comme un linceul indéchiffré ; nature morte [...] je suis une anamorphose de ma propre mort et de l'ennui » (p. 129-130).

Anamorphose dans ce sens que ses miroirs déforment la réalité en vue de la reconstituer au niveau de la métaphore, *Trou de mémoire* est aussi un tableau secret qui, selon la perspective du lecteur, peut se lire comme une mise en abyme de la création artistique ou comme une exploration du pays énigmatique. À la ressemblance des tableaux secrets de Shön, l'œuvre ne révèle sa pleine signification que lorsque ces deux perspectives sont mises en juxtaposition.

« *Les Ambassadeurs*» *de Holbein*

*« L'isomorphisme entre « Les Ambassadeurs »
et le récit double [...] est frappant, incontestable. Je ne crains pas d'affirmer que Pierre X.
Magnant s'est inspiré de la composition de
Holbein, non seulement dans son style, mais
aussi dans la forme même du récit. »*

(L'éditeur, p. 145)

Parmi les clés offertes au lecteur pour le déchiffrement du roman, la plus importante est la discussion détaillée du tableau *les Ambassadeurs* de Hans Holbein le Jeune. Dans le même texte (« Semi-finale ») où elle fait l'analogie avec le théâtre et avec l'art anamorphotique, RR accorde une grande importance à ce tableau, chef-d'œuvre de la perspective, qui utilise à la fois les techniques de l'anamorphose et du trompe-l'œil [12]. Dans la partie suivante du roman, l'éditeur reprend la parole. Selon lui, le texte de RR, secrètement ajouté à son « dossier Pierre X. Magnant » est une « imposture [...] flagrante » (p. 136) : « Cela me scandalise ; cette présumée RR, faussaire à déficit, n'a pas le droit de s'offrir, en même temps que les gloires de la scénographie ancienne, celle d'avoir composé l'autobiographie désordonnée de Pierre X. Magnant » (p. 136).

Cependant, l'éditeur reconnaît l'importance des remarques de RR concernant le tableau de Holbein, suggérant même que ce passage contient une clé majeure pour la compréhension du « roman » : « Il m'est venu à l'esprit [...] que son vasage vagomoteur au sujet des «Ambassadeurs » de Hans Holbein est peut-être un texte codé dont le sens ne saurait apparaître qu'à celui qui est au courant de l'angle

---

12. Larousse définit le trompe-l'œil comme une « peinture exécutée de façon à faire illusion sur la réalité matérielle des objets qu'elle représente ». En dupant le spectateur, le tableau en trompe-l'œil le rend conscient de la puissance de l'illusion artistique.

exact (en degré) selon lequel il faut le regarder, de la même façon que pour appréhender le crâne qui se tient entre les « Ambassadeurs » on doit regarder le tableau du maître d'un point de vue oblique » (p. 136).

Il existe en effet une correspondance remarquable, de fond et de forme, entre le tableau de Holbein et le roman d'Hubert Aquin. En nous basant non seulement sur les remarques énigmatiques de RR et de l'éditeur, mais aussi sur leur source — l'analyse du tableau par Baltrušaitis — nous verrons que *Trou de mémoire* est le double contemporain et québécois de ce grand tableau du seizième siècle.

Une « note de l'éditeur », paraphrase du premier paragraphe du chapitre de Baltrušaitis, résume les grands traits du tableau :

> « Le « Mystère des deux Ambassadeurs » de Holbein a été réalisé en 1533. Le tableau a été peint en Angleterre, où l'artiste s'est installé définitivement en 1532. Le tableau représente [*sic*] deux ambassadeurs français Jean de Dinteville et Georges de Selve ; les deux ambassadeurs sont représentés grandeur nature devant un rayonnage recouvert d'un tapis oriental. Le pavement est un dallage de marbre incrustré [*sic*] reproduisant la mosaïque du sanctuaire de Westminster » (p. 130) [13].

En citant Baltrušaitis (inexactement et sans le nommer), l'éditeur poursuit : « Les deux ambassadeurs, selon un grand historien de l'art, « se dressent comme les supports des armes de la mort, surchargés de Vanités. Combiné comme un blason, le tableau acquiert une noblesse hiératique... » La présence secrète de la

---

13. Les erreurs d'orthographe abondent dans les romans d'Aquin ; il s'agit sans doute de fautes de frappe dans ses manuscrits. Dans *Trou de mémoire,* les doubles de l'auteur, Magnant et Ghezzo-Quénum, pestent tous les deux contre les limites de leur vieille machine à écrire : « Maudite machine ! J'ai beau lui enfoncer les caractères romains avec doigté, elle me résiste. Cette patente infernale me freine : ce qu'il me faudrait, c'est une IBM électrique dont chaque caractère éclate sous le seul effleurement de ma pensée gantée et avant même que mes phalangettes n'approchent les petites touches » (p. 24). Cf. p. 13 et 14.

mort, figurée par l'anamorphose étrange d'un crâne, confère un aspect tragique à cette œuvre » (p. 130).

Les correspondances qui existent entre le tableau de Holbein et le roman d'Aquin sont nombreuses : chaque ouvrage est un jeu de perspective, chacun contient son propre commentaire critique, chacun possède comme thème unificateur le passage de la mort à la résurrection. Cependant l'isomorphisme entre les deux ouvrages dépasse ces ressemblances thématiques et techniques. Nous verrons que chacun des deux ouvrages a une structure dialectique. Paradoxalement, le premier moment (la thèse) de chaque ouvrage est aussi une *synthèse,* dans laquelle l'unité des arts et des sciences se révèle. Le deuxième moment (l'antithèse) montre la vanité de cette synthèse. Dans le troisième moment, les contradictions entre thèse et antithèse se résolvent dans une synthèse mouvante qui déborde les cadres de l'œuvre proprement dite, débouchant, dans le cas du tableau, sur la foi chrétienne, et, dans le cas du roman, sur la dialectique de l'histoire. Nous examinerons tour à tour chacun de ces trois moments, en soulignant non seulement les ressemblances mais aussi les différences essentielles entre les deux ouvrages.

Perspective et synthèse.— La vision du monde fragmentaire incarnée dans le jeu de perspective étourdissant de *Trou de mémoire* n'est certes pas « originale [14] » chez Aquin. Pour le lecteur qui a quelques connaissances des implications de la relativité einsteinienne et de la phénoménologie, ou, dans le domaine de l'art, du théâtre de Pirandello, des romans de Michel Butor ou des mobiles de Calder, le roman d'Aquin peut apparaître comme rien d'autre qu'une manifestation québécoise de la sensibilité du vingtième siècle. Le « trou de mémoire » du monde contemporain, c'est justement cette absence d'une perspective historique ; et l'originalité du roman d'Aquin est de nous montrer sa relativité dans la perspective plus

14. Voir un texte d'Aquin paru en 1964 : « ... l'originalité d'un écrit est directement proportionnelle à l'ignorance de ses lecteurs. Il n'y a pas d'originalité : les œuvres sont des décalques [...] des variantes [...] L'histoire décalque elle aussi. L'originalité y est aussi impossible qu'en littérature » (« Profession : écrivain », *Parti pris,* vol. I, n° 4, janvier 1964, p. 24).

vaste de l'histoire. Remontant au-delà du grand « désert » de Descartes et de Newton, il renoue avec une longue tradition de la perspective fragmentée, et en particulier avec l'œuvre qui marque l'apogée de cette tradition au seizième siècle : *les Ambassadeurs.*

L'ouvrage de Baltrušaitis illustre de façon lumineuse le rôle tenu par la perspective dans les diverses doctrines de la connaissance du monde depuis l'antiquité gréco-romaine. À la fois une « science qui fixe les dimensions et les dispositions exactes des formes dans l'espace », et « art de l'illusion qui les recrée [15] », elle a toujours apparu aux hommes comme le lieu d'une synthèse possible de tous les arts et de toutes les sciences.

Le tableau de Holbein, qui démontre la puissance et les illusions de la perspective, se place dans cette tradition, mais en tant que parodie. Comme le roman d'Aquin, il contient une synthèse éblouissante de toute l'érudition qu'il met en question. Pour l'exposé de ce contenu, nous suivrons de près l'étude de Baltrušaitis.

Selon cet écrivain, les objets disposés sur les rayons de la table qui sépare les deux ambassadeurs ont tous une valeur symbolique : « En haut, un globe céleste, des instruments astronomiques, un livre, une horloge solaire ; en bas, le globe terrestre, une équerre et un compas, un luth, deux livres — « L'Arithmétique des marchands », de Petrus Apianus (Ingolstadt, 1527), et, du côté de l'évêque, un érudit et amateur de musique, sympathisant pour la Réforme, parlant très bien l'allemand, le « Gesangbuchlein », de Johann Walter, publié à Wittemberg en 1524, ouvert sur le choral de Luther [16]. »

Tous ces objets se rapportent au « quadrivium des arts libéraux : arithmétique, géométrie, astronomie, musique [17] ». Certains d'entre eux situent le tableau histori-

---

15. *Anamorphoses,* nouv. éd., p. 8.
16. *Ibid.,* p. 58 ; nouv. éd., p. 91.
17. *Ibid.,* p. 58 ; nouv. éd., p. 92.

quement dans le temps et le lieu de l'Europe de la Réforme ; plusieurs sont « des thèmes de perspective, souvent décrits dans les traités [18] ». En effet, ce tableau est non seulement une démonstration de la perspective sous toutes ses formes, mais il contient aussi son propre commentaire critique : « La nature morte montée sur les rayons, entre les deux ambassadeurs, est comme une table des matières d'un manuel d'artiste, et le traitement du crâne, l'application des procédés anamorphotiques qui y sont souvent contenus [19]. »

Comme le tableau de Holbein, le roman d'Aquin contient une synthèse des arts et des sciences de son époque. Nous avons déjà examiné les principaux genres ou ouvrages artistiques mentionnés ; le roman contient aussi des allusions à la sculpture et à l'architecture baroques du Bernin (p. 49), aux astrolabes (p. 188) et aux montres en trompe-l'œil (p. 190-191) du musée des Arts décoratifs de Paris. À l'exception de *la Divine Comédie* et du roman policier, qui, comme nous l'avons vu, correspondent à une perception du monde plus *statique,* ces ouvrages ont en commun l'utilisation de la perspective pour cerner le caractère mobile du réel.

Dans le domaine scientifique, une synthèse similaire s'accomplit. Les nombreuses allusions scientifiques, qui comprennent souvent des références à d'authentiques articles parus dans des revues savantes, ont une double fonction : elles montrent le caractère dérisoire de la fragmentation qui existe entre les divers domaines scientifiques (chaque domaine prétendant offrir une explication complète des phénomènes en question) ; elles ouvrent en même temps la voie à une synthèse de ces domaines.

Essayant de comprendre le « roman » qu'il rédige, aussi bien que de l'éclairer pour le lecteur, l'éditeur alourdit le texte de notes explicatives puisées dans plusieurs domaines scientifiques. Ces notes constituent presque une intrigue en elles-mêmes,

18. *Anamorphoses,* p. 58 ; nouv. éd., p. 92.
19. *Ibid.,* p. 58 ; nouv. éd., p. 92.

car, dans les recours successifs de l'éditeur à ses connaissances en histoire, en géographie, en sociologie et en anthropologie, en paléontologie et en médecine, on peut suivre les étapes d'une tentative de plus en plus désespérée. Dans le caractère délirant du texte de Pierre X. Magnant, l'éditeur voit un symptôme de « ce que Van Schooters et Henderson qualifient de « structure hallucinatoire » de la pensée » (p. 74). Les ellipses et les omissions de ce texte sont peut-être, suggère-t-il, un phénomène d'« amnésie locale » qui, selon la plupart des spécialistes en psychiatrie, se relierait au refoulement d'un souvenir pénible (p. 79). Chacune de ces explications contient une parcelle de vérité ; l'erreur de l'éditeur est de rester au niveau de la catégorisation. Jamais réalisée par l'éditeur, la synthèse de ces fragments s'accomplit au niveau de la structure totale du roman.

À la ressemblance de celle du tableau de Holbein, la synthèse de *Trou de mémoire* est rendue possible par le rôle clé de la perspective. Imperméable à la perception unilatérale, la complexité du réel ne se livre qu'à celui qui, comprenant que chaque point de vue correspond à un aspect de la vérité, sache faire la synthèse de toutes les perspectives possibles de l'objet. Ainsi l'œuvre d'art, mode de discours indirect [20] à l'intérieur duquel plusieurs perspectives contradictoires peuvent coexister, est un moyen privilégié de connaissance du réel.

Le trompe-l'œil.— Passons maintenant au trompe-l'œil qui, dans le tableau et roman, montre la « vanité » de la synthèse accomplie. Dans *les Ambassadeurs,* l'anamorphose d'un crâne, indéchiffrable au spectateur qui se tient près du tableau, se reconstitue lorsque celui-ci se déplace vers la gauche. Trompe-l'œil saisissant, ce symbole de la mort met en question la puissance terrestre représentée par les deux ambassadeurs et l'efficacité de la connaissance symbolisée par les objets sur la table : « En arrangeant la succession de deux images indépendantes, Holbein ne

---

20. À comparer aux discours « révolutionnaires » que Pierre X. Magnant proclame devant les foules : ces discours simplifient tellement la complexité du réel qu'ils sont mensonges, « viols » de la foule.

les a pas dissociées : le symbole de la mort contamine les poses somptueuses des « Ambassadeurs » et s'instaure secrètement dans leur belle réalité » (p. 132).

Ce qui dans *Trou de mémoire* correspond au crâne du tableau de Holbein c'est bien, comme le dit l'éditeur, le cadavre de Joan : « La forme pâle indiscernable qui flotte au-dessus du sol s'apparente au corps blanc de Joan qui repose sur les dalles froides de la morgue. En vérité, son corps repose en travers du livre, projetant une ombre anomalique sur tout le récit — un peu à la manière de l'ombre projetée par le crâne dans le tableau de Holbein. L'ombre contredit les lois fondamentales de la lumière, répétant par sa projection invisible un crime parfait ! » (p. 143).

Le trompe-l'œil de *Trou de mémoire,* c'est le néant qui sous-tend le tissu de mots, contestant la vérité de l'entreprise romanesque. Toute la structure du livre s'élève ainsi sur un grand trou, et menace à tout moment d'y sombrer : Joan « anime tout ; elle est le foyer invérifiable d'un récit qui ne fait que se désintégrer autour de sa dépouille » (p. 143).

Poussant plus loin l'analyse des correspondances entre le tableau et le roman, l'on constate deux aspects du traitement du thème de la Vanité chez Holbein qui correspondent à la vision d'Aquin. D'abord, à l'instar de son ami et protecteur Érasme, Holbein dénonce par le trompe-l'œil de son tableau l'abstraction de la connaissance des philosophes et des savants. À propos des *Ambassadeurs,* RR cite cette phrase d'Érasme : « Ils ne savent absolument rien et ils se vantent de tout savoir » (p. 132). Or, selon Baltrušaitis, quelques années avant d'exécuter son tableau, Holbein avait illustré cette même phrase de *l'Éloge de la folie* par une image de «philosophes barbus et somptueusement vêtus, qui apparaissent comme enfermés dans un domaine artificiel et séparé du monde par une cloison [21] ». Nous avons déjà vu, en étudiant la parodie du roman policier dans *Trou de mémoire,*

21. *Anamorphoses,* p. 62 ; nouv. éd., p. 97.

comment toute l'entreprise du roman consiste à ébranler les catégories rigides et périmées de la connaissance, et à nous amener vers une intégration concrète du savoir et de l'expérience.

Aquin relève un deuxième niveau de signification dans le thème de la Vanité chez Holbein, niveau qui n'est pas traité par Baltrušaitis, mais qui correspond de près au sujet de *Trou de mémoire*. Il s'agit de la vanité d'une croyance absolue à l'art ou au pays. En effet, l'ensemble du tableau peut être interprété à ce niveau.

Les deux ambassadeurs, représentants de la France en Angleterre, font penser, dans le contexte du roman, à la présence anglaise au Québec. Dans cette perspective, le trompe-l'œil peut suggérer, comme l'indique RR, que « les représentants d'une puissance étrangère ne représentent rien d'autre que la mort » (p. 133). Selon une autre perspective, celle de l'éditeur, les doubles des ambassadeurs de Holbein dans *Trou de mémoire* sont Pierre X. Magnant et Joan, c'est-à-dire, le Québec et le Canada anglais. Lisant entre les lignes de cette interprétation du tableau, l'on déduit que le tapis oriental du tableau, seul lien entre ces deux « Ambassadeurs », correspond aux mots qui constituent le « tissu » du roman, mais aussi à la constitution canadienne, « étoffe tragique » qui relie Pierre X. Magnant et Joan dans un amour fatal :

> « Ils n'ont rien en commun sinon cette table voilée sur laquelle ils prennent appui, et encore ! Il s'agit là d'une pose ; de fait, ils effleurent la table plus qu'ils ne s'appuient dessus [...] Les maillons hiératiques du tapis oriental constituent la trame d'une fatalité implacable. Ainsi, l'intrigue du roman se déplie comme un tissu parsemé de lacs, comme une étoffe tragique par laquelle Pierre X. Magnant et Joan sont entrelacés au même titre que deux motifs de cette armature double, l'amour puis la mort. Mais y a-t-il vraiment deux registres : celui de l'amour et l'autre ? Pierre X. Magnant cesse-t-il jamais d'être amoureux de Joan ? Cela n'est pas dit ; on pourrait même penser le contraire... » (p. 142).

Dans cette interprétation qui fait du tableau de Holbein une allégorie de l'art et du pays, l'anamorphose du crâne suggère « la vanité inhérente à toute puissance terrestre et l'absurdité de toute représentation » (p. 132). Nous verrons cependant que ni le tableau de Holbein ni le roman d'Aquin ne se figent dans une négativité absolue ; dans chacun de ces deux ouvrages complexes, le pessimisme du trompe-l'œil est contredit par une troisième dimension de l'œuvre, où l'on aperçoit la possibilité d'un dépassement.

Les contradictions dépassées.— L'isomorphisme entre *les Ambassadeurs* et *Trou de mémoire* ne s'arrête pas au trompe-l'œil, ou au « double sens », car leur structure est à la fois « dialectique » et « ouverte ». Chaque ouvrage contient la possibilité d'une synthèse entre ses deux niveaux de signification contradictoires ; synthèse qui déborde les cadres de l'œuvre proprement dite pour renvoyer, dans le cas du tableau, à la religion, et, dans le cas du roman, à l'histoire.

Expression de l'humanisme chrétien de la Renaissance, le tableau de Holbein résout la contradiction entre la grandeur de l'homme (la synthèse de la connaissance) et la mort de toutes choses (le crâne) en opposant aux sciences périssables la béatitude parfaite de la connaissance de Dieu. Selon Baltrušaitis, trois aspects du tableau suggèrent ce dépassement possible. En haut, derrière les ambassadeurs, s'étend un rideau épais qui, selon une tradition de l'art médiéval, est tiré sur le « cabinet de vérité », lieu des sciences divines. Le pavement de marbre est une reproduction exacte des dalles du sanctuaire de l'abbaye de Westminster. Finalement, un crucifix pendu dans le coin supérieur, à gauche, est mis en relation avec le crâne, suggérant le passage de la mort à la résurrection rendu possible par la mort du Christ : « ... le Christ apparaissant à demi dans l'angle supérieur pointe comme un rayon de son domaine éblouissant. Il est la cible à atteindre. L'artiste l'a installé, comme un avertissement, dans le coin le plus éloigné, en l'écartant résolument des sciences vaines, et il l'a mis en relation avec le crâne. La Mort et la Résurrection sont opposées sur le même axe, tracé de biais, avec pour base le crâne qui flotte dans le registre inférieur [22]. »

22. *Anamorphoses,* p. 64 ; nouv. éd., p. 100.

Ainsi le spectateur des *Ambassadeurs* est appelé à transcender sa situation humaine par la foi chrétienne ; car, selon la vision du monde de l'époque, les contradictions du temps ne peuvent se résoudre que dans la perspective de l'éternité.

Pour les personnages de *Trou de mémoire,* par contre, la « perspective de l'éternité » n'est plus une option valable ; pour eux, le « cabinet de vérité » s'identifie à « une sorte de salon funéraire incomparable » (p. 130). Immense « blasphème » (p. 57) qui détruit tout absolu situé hors du temps (religion, art ou *pays* érigé en absolu), ce roman engage le lecteur dans une voie qu'Hubert Aquin a appelée ailleurs le « chemin de l'immanence [23] ». Si l'on peut parler de *transcendance* à son propos, c'est uniquement dans le sens sartrien de ce dépassement continuel des contradictions dans le temps qui constitue la liberté de l'homme.

L'absolu n'apparaît plus comme un but statique, mais plutôt comme un « point de fuite » qui s'éloigne du chercheur à mesure qu'il s'en approche. Comme *les Ambassadeurs, Trou de mémoire* contient la synthèse de ses contradictions, dans cette vision dialectique où se réconcilient l'abstrait et le concret, les exigences de l'individu et celles de la collectivité, l'absolu et le relatif. Pourtant, cette synthèse se défait d'elle-même pour renvoyer aux contradictions de la vie dans le temps. Le passage de la mort à la résurrection ne s'accomplit jamais de façon définitive ; c'est un processus interminable par lequel les hommes et les collectivités, assumant pleinement leurs pouvoirs créateurs, se transforment et transforment le monde autour d'eux. C'est ce processus historique qui donne une signification à un monde où l'ancien absolu n'a plus cours. Nous verrons maintenant comment cette vision de la dialectique historique est enracinée dans le temps et l'espace du Québec contemporain, et quel rôle l'œuvre d'art y joue.

23. Dans « La fatigue culturelle du Canada français », *Liberté,* vol. IV, n° 23, mai 1962, p. 321.

chapitre 5

Le pays : un rassemblement de fragments

En suivant l'entrelacement complexe des analogies artistiques de *Trou de mémoire,* nous avons pu constater le caractère très conscient de l'art d'Aquin. S'il est vrai de toute œuvre d'art qu'elle se définit et doit être jugée par rapport au corpus des œuvres déjà existantes, il est difficile de concevoir une œuvre qui plus que *Trou de mémoire* contienne en elle-même les critères de cette évaluation. Mais à côté des critères d'évaluation purement esthétiques, il existe une autre perspective : celle des rapports d'une œuvre avec le milieu social et historique d'où elle est sortie. À la différence de la plupart des ouvrages littéraires, qui « reflètent » plus ou moins inconsciemment leur milieu d'origine, *Trou de mémoire* est un *chiffre* de la réalité sociale et historique du Québec contemporain. De l'entrecroisement prismatique de reflets qui est la forme du roman se dégage l'image d'un pays en mouvement vers l'historicité, mais déchiré par ses propres contradictions, à mi-chemin entre un passé *absent* et un avenir imprévisible.

Il est important de souligner, cependant, que *Trou de mémoire* n'est pas seulement une image, ou une reproduction, de la réalité québécoise telle que l'auteur la conçoit : une telle réduction passerait à côté des rapports dialectiques qui relient le roman à la réalité historique. *Trou de mémoire* est une entreprise de totalisation : sa structure équivaut à la synthèse formelle des contradictions que l'auteur décèle autour de lui ; et, comme toute synthèse, elle se veut un dépassement de ces contradictions.

Symétrie structurale.— Par rapport à la réalité québécoise, l'entreprise de *Trou de mémoire* est double : le roman est à la fois une destruction et un acte de création, un refus violent et une reconstitution patiente de la situation intolérable du Québec dans le fédéralisme canadien. Ce double caractère est reflété par la symétrie entre le récit de Pierre X. Magnant et le journal d'Olympe Ghezzo-Quénum. Chacun de ces deux personnages est révolutionnaire et pharmacien ; chacun aime une Canadienne anglaise (Joan et RR) ; chacun écrit pour maîtriser une réalité chaotique qui lui échappe et l'opprime. Plusieurs détails des deux récits suggèrent que Magnant et Ghezzo-Quénum, comme Joan et RR, sont des personnages doubles et interchangeables, et que les deux récits ne sont que deux perspectives d'une même réalité [1]. La même symétrie existe entre les deux événements autour desquels tournent respectivement les deux récits — le meurtre de Joan et le viol de RR. Tandis que le récit de Magnant explore la violence née d'une union déséquilibrée, le journal de Ghezzo-Quénum retourne à la source du mal : le traumatisme du viol au fond de la mémoire collective. Ensemble, les deux récits représentent un passage de la mort à la résurrection, symbolisé à la fin par la guérison de RR.

Le récit de Pierre X. Magnant

Le « fédéralisme copulateur » : relation entre Pierre X. Magnant et Joan.— L'idéal et le but à atteindre dans l'univers

---

1. Le récit de Magnant contient plusieurs références détaillées à la géographie de l'Afrique qui, selon l'éditeur, « ont un indice de précision qui est tout à fait incompatible avec ce délire malarique qui tient lieu d'inspiration à l'auteur [...] Magnant [...] parle des lagunes encerclant l'île de Lagos et des bouches du Niger comme quelqu'un qui serait né dans cette région de l'Afrique... » (p. 103). Quant à Ghezzo-Quénum, il confond son amante RR avec sa sœur Joan (p. 158 et 187). Une note de RR suggère que « le pseudo-journal de monsieur Ghezzo-Quénum » a été écrit par Pierre X. Magnant (p. 187).

d'Aquin, c'est — nous l'avons constaté à plusieurs reprises — cet équilibre fragile qui caractérise l'incessante dialectique de l'esprit lucide. Dans *Trou de mémoire,* l'« équilibre » du fédéralisme canadien apparaît comme la caricature de l'équilibre dialectique : rapport entre deux forces antagonistes, il écrase et embrouille l'un des deux partenaires :

> « ... la lucidité agirait sans doute comme un facteur de détoxication et déba-lancerait ce charmant équilibre où tout le poids graisseux du conquérant écrase [...] le corps famélique et déboîté de celui qui attend de ressusciter [...] Donc, selon la dialectique du fédéralisme copulateur, il ne saurait y avoir de lucidité que fédérale ou (ce qui revient au même) si le conquis devient lucide, il faut lui donner une promotion, le tenir dans un état voisin de l'anesthésie générale... » (p. 39).

Dans l'exploration du rapport violent et destructeur qui relie Pierre X. Magnant à son amante canadienne-anglaise, plusieurs modalités de cette dialectique débilitante sont mises à jour. Dans la relation entre Magnant et Joan, l'acte sexuel, qui peut être la manifestation la plus concrète et la plus intense de l'équilibre dialectique, devient une lutte de domination stérile, dont la seule expression « créatrice » est l'ultime destruction : le meurtre. Or, selon Michel Van Schendel, c'est l'amour qui sur le plan littéraire est l'expression la plus complète de l'état d'une culture : « ... les éléments qui font ou défont le couple résolvent dans une synthèse étonnante les conflits biologiques, affectifs ou sociaux qui déterminent le jeu des relations [...] La dialectique physique de l'union amoureuse reproduit, tout en le transformant, le mouvement global des événements [2]. »

L'aventure amoureuse de Magnant et de Joan se déroule à l'intérieur d'un triangle minuscule au cœur commercial de Montréal. Cet espace est délimité par

2. « L'amour dans la littérature canadienne-française », *in Littérature et société cana-diennes-françaises,* deuxième colloque de la revue *Recherches sociographiques,* Québec, Les Presses de l'Université Laval, 1964, p. 153.

trois édifices qu'on peut considérer comme des symboles de la présence anglaise au Québec : l'hôtel Windsor, l'Université McGill et le restaurant Neptune (qui en réalité s'appelle *Mister Neptune*) à l'angle des rues de Maisonneuve et Mansfield.

Comme tous les symboles d'Aquin, celui du rapport entre Magnant et Joan est dynamique et polyvalent, se transformant selon le contexte où il apparaît tout en gardant une certaine logique interne. Stéréotype de la femme canadienne-anglaise par sa religion protestante, son adresse à Westmount et son « cher daddy qui est mort sur le parquet de la bourse » (p. 68), Joan exprime le désir avant sa mort de « se transformer » en Canadienne française (p. 91). C'est le point temporel du meurtre de Joan qui marque la rupture entre les deux significations principales du couple. L'amour de Magnant et de Joan, lutte de domination qui ne finit qu'avec le meurtre, symbolise les rapports entre le Québec et le Canada anglais ; tandis qu'après sa mort Joan se transforme en symbole du pays-cadavre (le Québec) que l'écrivain-révolutionnaire tente de rattraper et de ressusciter par sa « course romanesque ».

Communiquée au lecteur presque uniquement à travers la voix narratrice de Pierre X. Magnant, la relation entre les amants est plus complexe qu'elle ne paraît à première vue. Elle semble se caractériser par la puissance et la violence de Magnant et par une passivité correspondante de la part de Joan. « Maître immoral » (p. 68) et « perfectionniste du mal » (p. 13), Magnant se sent attiré par Joan précisément dans la mesure où elle symbolise pour lui l'« incroyable supériorité » (p. 86) du dominateur canadien-anglais, et son amour est indissociable d'un besoin de domination et de destruction. Cependant, si l'on pénètre au-delà de la rhétorique délirante de Magnant pour examiner les rapports entre les amants, l'on découvre que la violence du révolutionnaire cache une étrange impuissance. À part la première union entre les amants — « espèce de triomphe [qui] doit précéder quelque chute » (p. 118) — quatre rencontres sexuelles sont décrites, dont trois (celles de Londres, du restaurant Neptune [3], et celle qui accompagne le meurtre) sont des masturbations de Joan par son amant. Dans la quatrième, celle de la « chambre obscure » de l'hôtel Windsor, les deux partenaires s'unissent dans l'acte sexuel ; mais c'est au moment précis de leur union que l'impossibilité de leur amour se manifeste à Magnant et que l'idée du meurtre s'empare de lui. Pour la première fois, Joan est associée au « cadavre » du pays aimé :

> « ... j'ai découvert, dans l'étreinte brûlante de nos deux corps, l'impossibilité strictement totale et irréversible de notre amour [...] Dès l'instant [...] où je suis entré en elle, une odeur de morgue s'est substituée au parfum délicat de Joan et, au fond de l'orgasme incohérent et divin, ce n'est pas l'amour que j'ai touché, mais la chair durcie d'un cadavre qui, par sa présence insolite, présageait un projet de meurtre absolu [...] Notre pays est un cadavre encombrant... » (p. 48).

C'est le « Cahier noir » de Magnant, journal intime rédigé avant le roman et non destiné à la publication, qui résout l'apparente contradiction entre l'agressivité et l'impuissance de Magnant, et qui relie explicitement cet érotisme malsain à la situation québécoise. Dans le Cahier noir, qui est présenté au lecteur par l'éditeur après la mort de Magnant, le révolutionnaire se révèle comme chroniquement infidèle en amour et obsédé par le besoin de violer : « Pourvu que tout se passe rapidement, violemment, sans le moindre conditionnement sentimental ou social » (p. 116). Que ce comportement agressif, autre face du sentiment d'impuissance et de fatigue qui écrase Magnant, soit un phénomène collectif au Canada français est

---

3. Le repas au Neptune est décrit par Magnant sans mention de l'incident sexuel (p. 68-69) ; mais plus tard l'éditeur, en se basant sur le témoignage d'un garçon de table, remplit ce « trou » dans le texte de Magnant (p. 76-77).

explicitement affirmé dans le Cahier noir [4] : « Mon comportement sexuel est à l'image d'un comportement national frappé d'impuissance : plus ça va, plus je sens que je veux violer [...] Faire l'amour normalement ne m'intéresse plus vraiment » (p. 112).

L'impuissance de Pierre X. Magnant, sublimée dans sa conviction que sa « vraie puissance est ailleurs » (p. 111), fait penser au messianisme qui selon Michel Brunet a traditionnellement caractérisé la pensée canadienne-française depuis la Conquête [5]. Significativement, l'action révolutionnaire violente et le terrorisme apparaissent comme des manifestations de l'impuissance et de l'aliénation culturelle. Après une nuit d'impuissance passée à côté de Joan, Magnant écrit : « À mon réveil je suis devenu révolutionnaire, faute d'avoir possédé ce soleil [...] je suis passé à la terreur totale, sans frein, sans nuance politique, sans aucune différenciation... L'acte même de semer la terreur ressemble impudiquement à tout ensemencement du ventre, à cette différence toutefois qu'il ne tient nullement compte de la mutualité du plaisir ; c'est un viol » (p. 116-117).

À la lumière des révélations du Cahier noir, le meurtre de Joan apparaît à la fois comme une tentative d'échapper au cercle vicieux de la « fatigue culturelle » et comme une manifestation supplémentaire de cette fatigue et de cette impuissance.

---

4. À notre avis, *Trou de mémoire,* avec sa sexualité « malsaine », peut se lire comme une parodie du roman canadien-français traditionnel. Ce dernier se caractérise, selon Aquin, par un « déviationnisme sexuel » voilé : « Cette sorte d'inversion qui me paraît avoir contaminé sérieusement la presque totalité de notre littérature, n'est pas une inversion qui s'affiche ou qui cherche à scandaliser. Non, c'est une inversion profonde : donc, elle prend soin de se voiler elle-même par une thématique diversifiée... » (*Littérature et société canadiennes-françaises,* p. 191). Voir aussi pour son humour le passage de *Trou de mémoire* où Magnant hésite entre trois livres — *l'Homme impuissant, la Femme frigide* et *Onanisme et homosexualité* — mais n'a pas la force d'acheter *l'Homme impuissant* (p. 116).

5. « Trois dominantes de la pensée canadienne-française : l'agriculturisme, l'anti-étatisme et le messianisme », *in Écrits du Canada français III,* Montréal, 1957, p. 33-117. Repris dans *la Présence anglaise et les Canadiens,* Montréal, Beauchemin, 1964, p. 113-166.

La dernière caresse, parodie du geste amoureux et expression absolue de la dépossession, fige à jamais le mouvement que Magnant n'avait su maîtriser : « Jamais caresse ne fut plus douce, ni moins pressante. Jamais, non plus, strangulation ne fut plus près d'un geste de vénération [...] La certitude que la plus forte dose *quoad vitam* ne donnera jamais, je l'ai trouvée dans cette dernière étreinte qui, par l'attouchement de la zone buccale, provoqua mon désir et aussitôt, rendit son objet inapte à y répondre » (p. 93).

Produit aliéné d'un système qui empêche la lucidité, Pierre X. Magnant s'illusionne quant à la portée révolutionnaire de son acte : « Il ne me reste plus grand-chose, sinon d'avoir inventé [...] la mort masquée de Joan ; ce secret, seul, me reste et me tient lieu de passé dont on se souvient, de personnalité avec laquelle on écrase les autres [...] Enfin, j'ai accompli quelque chose ; en tuant Joan, j'ai engendré l'histoire d'un peuple sevré de combats et presque mort de peur à force d'éviter la violence » (p. 87).

Il est clair, cependant, dans la perspective de la dialectique de l'art et de l'histoire, que le meurtre de Joan — comme les discours révolutionnaires de Magnant, qui sont un « viol » de la foule — est un acte antirévolutionnaire, parce que antidialectique. L'acte vraiment révolutionnaire de Magnant, c'est son entreprise romanesque, prestidigitation baroque qui prend possession du réel tout en respectant sa mobilité. Dans ce sens c'est le roman qui est le « crime parfait », l'acte violent et blasphémateur qui engendre l'« histoire d'un peuple ». À la différence du meurtre de Joan et des discours de Magnant, le roman rend possible cette lucidité qui seule peut débalancer l'équilibre du « fédéralisme copulateur ».

La temporalité de la « sous-histoire ».— Implicite dans tous les aspects du roman que nous avons étudiés jusqu'ici, la dimension temporelle englobe la totalité de l'entreprise romanesque et fournit le pont principal entre les deux pôles de l'art et de l'histoire. Bref, la problématique du roman est la suivante : comment sortir du cercle vicieux de la « sous-histoire » (p. 56) pour entrer dans l'historicité ?

L'image obsessionnelle des singes « voyeurs » (p. 27) qui observent, impuissants, le meurtre de Joan par Magnant, suggère la passivité d'un peuple qui n'a pas encore accédé à la parole ni à la prise en main de son rôle historique [6] : « Il faut bien que ces Macaques Rhésus soient des fins d'espèce pour ne pas se mettre à parler [...] L'éloquence du corps nu de Joan devrait soudain les faire accéder à la parole humaine [...] Décidément ces singes pollués ont raté leur dernière chance d'émerger dans l'historicité... » (p. 27-28).

Privée de la santé organique de l'histoire, dans laquelle passé et présent prendraient leur sens à l'intérieur d'un continuum ouvert sur les possibilités de l'avenir, la temporalité de *Trou de mémoire* est éprouvée comme absence, comme chaos, comme un labyrinthe aux dimensions infinies.

« Intransitive » dans ce sens qu'aucune progression significative n'est possible à l'intérieur de ses confins, cette temporalité ressemble à un état d'« intoxication aiguë » (p. 83). Tandis qu'au niveau de signification artistique, le « délire hallucinatoire » de Pierre X. Magnant correspond à l'extase de la création formelle, il représente au niveau du pays l'expérience du temps de la collectivité canadienne-française : « nuit blanche interminable » (p. 32), « vase absolu de noirceur, océan de bile sur lequel j'improvise un naufrage » (p. 30). Le progrès étant impossible, les souvenirs et les événements apparaissent comme des fragments disloqués, posés dans le vide et dépourvus de signification. Ce temps est éprouvé non pas comme durée, mais comme « mauvaise éternité » :

> « Oui, le temps s'allonge indéfiniment et m'instaure majestueusement dans sa propre immobilité [...] la drogue, savamment dosée, m'induit en une existence intransitive qui me comble. Je ne vais nulle part, sans doute parce que tout est fini ; je suis [...] en proie à cette obsession de la finition irrémédiable » (p. 47).

6. À la lumière des révélations du Cahier noir, le caractère obsessionnel de l'image des Macaques s'explique. Pierre X. Magnant est obsédé par le souvenir des singes non pas, comme il le laisse entendre (p. 90) à cause de leur infériorité, mais parce qu'il reconnaît en eux sa propre impuissance.

À l'intérieur d'une telle situation temporelle, le problème du révolutionnaire est de trouver un « contexte » (p. 56). Car la révolution n'est pas, comme l'avait cru le jeune narrateur de *Prochain épisode,* un événement absolu et presque magique qui éclate dans le vide ; c'est une entreprise lucide qui mûrit graduellement dans la conscience d'un peuple : « La révolution dérive ; seule la conquête est permanente, car elle se double à l'infini selon des agencements imprévisibles et d'après un ordonnement sériel qui instaure l'immanence en pleine transcendance... » (p. 59).

Le récit de Pierre X. Magnant équivaut à une tentative de trouver ce « contexte », de donner forme et signification aux souvenirs fragmentaires de la mémoire collective. Nous verrons que cette tentative, prise en elle-même, aboutira à l'échec, à cause d'une vérité inavouable au fond de la mémoire ; mais qu'elle débouchera, comme les autres sections du roman, sur le journal d'Olympe Ghezzo-Quénum et l'affrontement du souvenir refoulé.

Tentative de récupérer le passé.— Au début du projet littéraire, des souvenirs fragmentaires envahissent la conscience de Magnant, instaurant chez lui une sensation d'ivresse et un besoin pénible d'extérioriser cette matière par l'écriture : « L'afflux désordonné de tant de souvenirs à ma conscience m'induit en un surmenage de mémoire [...] Je suis sous l'empire d'une véritable ivresse mnémogène : tout ce que j'ai fait depuis quelques heures me revient et me saoûle [...] Vomir, oui, comme ça ferait du bien : vomir d'une seule vomissure toute cette bave de souvenirs qui m'est restée sur l'estomac... » (p. 30).

Si les souvenirs collectifs restent à l'état de fragments, c'est qu'ils n'ont jamais trouvé une expression institutionnelle : selon Memmi, « la mémoire d'un peuple repose sur ses institutions [7] ». Les institutions du Canada français — le gouverne-

---

7. *Portrait du colonisé,* p. 140.

ment, l'Église, les écoles et jusqu'à la littérature — sont des « chieurs officiels de mots morts » (p. 94) que Magnant veut détruire par un ouvrage écrit « au niveau du pur blasphème » (p. 57). En même temps, cependant, son entreprise est constructive : c'est un effort pour ordonner les souvenirs dans un corpus formel qui, en leur conférant une signification, rendra possible leur dépassement. Son roman sera « une évocation historique dont la progression ressemble à la marche obscure d'hommes qui, fragment par fragment, reconstituent leur enfance dans le seul but d'en finir avec l'enfance » (p. 63).

Or, la vérité du passé, telle qu'elle se dégage des souvenirs de Pierre X. Magnant, est presque inavouable. La seule constante qui émerge des souvenirs, la seule signification qui semble les relier ensemble dans une totalité, est celle de la conquête et de l'échec. En outre, la psyché canadienne-française, elle-même issue d'origines colonisatrices, a intériorisé l'histoire et les traditions anglaises, de sorte que son passé ne se dissocie plus de celui de son conquérant.

Examinant son « arbre généalogique » (p. 37), Magnant trouve un métissage qui embrasse toutes les modalités de la conquête et de l'assimilation : « d'ascendance bulgare, deuxième génération, côté maternel, avec une goutte de sang cri [...] L'homme tribal, coureur des bois, s'est fait assimiler par l'homo bulgarus qui, à son tour, s'est fait assimiler par de vulgaires Canadiens français » (p. 37). À ce tableau déprimant s'ajoute l'ambiguïté de l'héritage français : car, tout en étant descendant de peuples conquis, Magnant doit reconnaître qu'il est issu d'une race de colonisateurs, délogés contre leur gré de leur position d'exploiteurs : « J'ai désappris — avant de naître — les danses de guerre de mon peuple conquis par des Français en dentelle qui, une fois encabanés ici, ont été conquis inlassablement et infiniment sur écran géant avec sous-titres en anglais. Deux fois conquis (sans compter le bacille bulgare qui galope sur tout ce qui est vaincu) je suis en quelque sorte le spécialiste de la conquête... » (p. 37).

Le souvenir des Patriotes de 1837[8], qui s'associe toujours à un sentiment de découragement et d'échec chez Magnant, semble confirmer l'impossibilité de sa propre tentative de libération : « J'ai beau me faire ordonnance sur ordonnance [...] je ne réussis pas à m'éjecter hors de mon spleen. Je ne suis pas tant sujet à la neurasthénie que défait ; oui défait comme l'armée de Robert Nelson, défait comme Chevalier de Lorimier mais — hélas ! — pas pendu comme il l'a été à l'aube noire de nulle révolution ! » (p. 72).

L'échec et l'ultime résignation de Papineau semblent s'être perpétués à travers la lignée des mâles canadiens-français jusqu'au père de Magnant et à Magnant lui-même. Le dilemme de Magnant est celui de la continuité et de la rupture : comment se réconcilier avec ces ancêtres aimés, en qui il se reconnaît, sans succomber à la tradition de l'échec qu'ils lui ont léguée ? C'est un dilemme qu'il ne parviendra pas à résoudre :

> « ... mon cri à moi a été tué dans toutes les gorges depuis que Louis-Joseph, après l'amnistie anglaise, est revenu s'asseoir sur les bancs de la reine, abdiquant à jamais le droit des peuples au blasphème [...] mais je ne dois pas lui en vouloir pour autant [...] il me fait penser à mon père esclave, rentrant à la maison après avoir raté sa révolution quotidienne [...] Semblable à mon père qui ne finira jamais de travailler huit heures par jour jusqu'à sa mort, semblable à Papineau qui rentre après l'échec mortuaire, je rentre moi aussi...» (p. 96).

À la recherche d'un modèle de réussite et non d'échec, c'est vers le côté anglais de son passé que Magnant se tourne, trouvant en Sherlock Holmes « l'ancêtre victorien dont je voudrais tirer ma généalogie coloniale et mon héritage morbide » (p. 81-82). Ce qui est significatif, c'est que le fait anglais est intériorisé chez

---

8. Voir p. 41, 43, 72, 96. Pour une analyse de la psychologie de l'échec chez les Patriotes, voir Hubert Aquin, « L'art de la défaite », *Liberté,* vol. VII, n°s 37-38, janvier-avril 1965, p. 33-41.

les Canadiens français, et doit être accepté comme indissociable de leur héritage. C'est ainsi que Londres, ville non seulement de Sherlock Holmes et de la National Gallery qui loge le grand tableau de Holbein, mais aussi de Buckingham Palace et du Quebec Act (p. 60), représente pour Magnant « la seule ville qui hante mon double passé [...] la seule ville où, frôlant le crime, j'ai endossé mon identité véritable (p. 82).

Le thème de l'amnésie.— C'est dans le contexte de ce passé ambigu et de cette tradition de conquête et d'échec que le thème énigmatique de l'amnésie prend son sens.

Selon l'éditeur, le roman « autobiographique » de Pierre X. Magnant comporte « un nombre aberrant d'ellipses et d'omissions inexplicables » (p. 79), un « écart, parfois imperceptible, entre la version écrite et la version historique » (p. 75). En outre, l'éditeur lui-même supprime deux passages du texte de Magnant (p. 39, 58), scènes « franchement indécent[es] » qui pourraient « être considéré[es] comme diffamatoire[s] » (p. 58). Les événements « oubliés » par Magnant ou supprimés par l'éditeur ont une chose en commun : tous se relient soit au meurtre de Joan soit à un viol. Tout se passe comme si, au fond de la mémoire, une « scène indécente » bloquait le fonctionnement mnémogène. S'appuyant sur un nombre impressionnant d'articles en psychiatrie, l'éditeur frôle cette solution, mais n'arrive pas à intégrer ses intuitions dans une explication tout à fait satisfaisante :

« Le silence de l'auteur me pose [...] une énigme, à moins bien sûr qu'on puisse y diagnostiquer un phénomène d'« amnésie locale » ; la plupart des auteurs sont unanimes à prétendre que les phénomènes d'amnésie locale ont un caractère sélectif quant au contenu mnémique, et cela, à peu de choses près, peut se comparer à une opération de « refoulement instantané [...] » [Cependant] quelque chose m'échappe encore et continuera de m'échapper indéfiniment » (p. 79).

Or, comme nous venons de le voir, il existe en effet une vérité inavouable au fond de la mémoire de Pierre X. Magnant : c'est la constellation conquêteéchec-ambiguïté. Transmuée en métaphore, cette constellation devient la double image du pays « mort » (le cadavre de Joan) et « violé » (le corps de RR) qui a traumatisé la double conscience Pierre X. Magnant-Olympe Ghezzo-Quénum. En « période de gestation révolutionnaire » (p. 66), ce traumatisme se fait sentir chez le peuple dominé d'une façon particulièrement aiguë ; d'où l'importance du pharmacien et de ses drogues : « on vient à lui pour obtenir un sédatif plus puissant contre la douleur coloniale ou un super-hypnotique, car on n'en peut plus et on rêve de s'abolir dans un coma dépolitisé » (p. 66).

Ainsi l'amnésie est l'autodéfense naturelle d'un peuple conquis, le refus inconscient d'affronter lucidement une situation qui semble sans issue. L'échec au passé se répercute sur le présent psychologique et institutionnel, bloquant du même coup l'accès à l'avenir. Se sentant privé de la possibilité d'agir, le conquis éprouve le réel et l'imaginaire comme paradoxalement renversés : la vie collective lui apparaissant comme une histoire « écrite d'avance » (p. 41), il ne trouve de débouché pour l'action que dans le domaine compensateur de l'imaginaire. Cerné de toutes parts, le Québec ressemble à « cette poignée de comédiens bègues et amnésiques [...] incapables de se rappeler le premier mot de la première ligne d'un drame qui, faute de commencer, ne finira jamais [...] On ne sait plus quoi dire [...] pour que tous les personnages retrouvent la mémoire en même temps que le fil de l'intrigue » (p. 56).

Convergence sur Lagos : l'image des sables mouvants

La tentative de synthèse et de dépassement que représente le récit de Pierre X. Magnant est reprise « en miniature » dans les sections du roman narrées par l'éditeur et par RR. Chacune de ces sections suit la même courbe (tentatives d'atteindre un but élusif, elles se soldent par l'échec), s'exprime à travers une imagerie similaire (images d'égarement et d'ensablement), et débouche sur le même point (Lagos, la capitale coloniale du pays de Ghezzo-Quénum). Dans chacune, la tentative de créer, de se situer par rapport au pays et à l'œuvre, débute avec assurance, mais peu à peu le personnage se rend compte qu'il s'est perdu en chemin. À la fin de son récit, Pierre X. Magnant, complètement désorienté, désespère de jamais trouver Joan et sa propre identité : « ... je ne m'y comprends pas dans le secret des lagunes et des deltas innombrables qui me séparent de la femme que j'ai perdue [...] je t'ai perdue, mon amour, je t'ai perdue et je me perds de plus en plus moi-même ... » (p. 98).

Ayant commencé avec quelque pédanterie à éclairer pour le lecteur l'énigme du récit de Magnant, l'éditeur sent que lui aussi s'est égaré, noyé dans les entrelacs de l'écriture (p. 108, 139). Dans « Semi-finale », RR exprime le même sentiment de privation et d'égarement : « je te retrouve juste assez pour te perdre et je ne te touche, brûlante, que pour connaître la privation qui suit » (p. 131).

Dans chacune de ces sections, l'impossibilité d'avancer dans la course romanesque est évoquée par l'image des *sables mouvants*. Cette image indique la résistance de la matière romanesque au travail formel de la conscience créatrice. En outre, toujours associée à Lagos, elle mène directement au journal d'Olympe Ghezzo-Quénum, dans lequel le viol historique du Québec sera symboliquement affronté. Égaré dans son récit, Pierre X. Magnant écrit : « mon pays n'est rien d'autre que ces sables mouvants qui encastrent Lagos dans un écrin accore. Né du sable, je tente interminablement de m'y enraciner, mais je m'ensable et je m'emprisonne dans le tracé du littoral et dans les calligrammes deltaïques du rivage » (p. 98).

La même image est reprise par l'éditeur, qui se sent de plus en plus bafoué dans son entreprise de soumettre le récit de Magnant à la logique : « Je m'ensable, ni plus ni moins, dans les sables mouvants qui [...] encerclent l'île de Lagos comme un mauvais sort [...] Je cale lentement dans le sol morbide qui m'ensorcèle et m'englaise [...] Je finis dans un désordre plus fort que moi et sous l'empire d'une inspiration malarique qui me transforme en écrivain » (p. 121).

Finalement, les derniers mots du récit de RR reprennent cette image et expriment le même désir étrange de se transporter à Lagos : « ... je voudrais [...] contempler jusqu'à ce que je te retrouve [...] et jusqu'à ce que ma transe basale me transporte dans la vase fluante des interfleuves qui s'effilochent en éperons de confluence autour de l'île du Lagos et jusqu'à ce que j'en crève, noyée, debout dans les ourlets de mangrove, engloutie et inhumée sans procès dans les sables argileux qui me séparent de toi... » (p. 134).

Les images opposées de la course (souvent associée au glissement sur une surface humide) et des sables mouvants suggèrent toutes les deux l'effort de la conscience pour se mouvoir du néant à l'être, de la liquidité à la solidité [9]. Chacune évoque la confrontation entre les deux forces dynamiques de l'esprit et de la matière. Tandis que le mouvement en vitesse sur une piste de course (sorte de labyrinthe ordonné par l'homme) suggère le triomphe de la conscience sur les obstacles posés par la matière, l'image des sables mouvants, associée à la noyade et à l'égarement dans un labyrinthe, évoque l'échec du projet créateur. Que cet échec ne soit pas définitif, et qu'il s'associe à l'état colonisé du pays, est cependant indiqué par la convergence des récits-miroirs de Magnant, de l'éditeur et de RR sur Lagos et sur le journal du révolutionnaire africain.

Le journal d'Olympe Ghezzo-Quénum

L'isomorphisme entre *Trou de mémoire* et le tableau *les Ambassadeurs,* que nous avons étudié au niveau de la signification

---

9. À comparer avec les images du « glissement » et du « visqueux » utilisées par Sartre dans *l'Être et le néant,* Paris, Gallimard, 1943.

artistique du roman, existe aussi au niveau politique, où le journal d'Olympe Ghezzo-Quénum fait fonction de « trompe-l'œil », mettant en question et complétant tout ce qui le précède dans le roman. La place du journal de Ghezzo-Quénum dans la symétrie structurale du roman a été soulignée par Aquin :

> « Par rapport à ce que j'ai fait précédemment, ce roman devrait apparaître plus concentré, en même temps que plus riche en événements, en échafaudages symétriques, basculants, en distorsions formelles. L'action [...] se déplie au cours d'une première lancée de 110 pages [...] Puis le lecteur bascule dans un dédoublement de personnages, une suite enchevêtrée de récits, qui permettent de réévaluer complètement les événements de la première partie. Au milieu donc, ce passage charnière. Et puis, ça rebascule en événements nouveaux au cours d'une deuxième partie équilibrant la première, symétrique par rapport à la charnière, opérant quelque chose comme un transfert de « suspense » ; en effet, tout est axé sur l'attente de ce qui va arriver par le fait de la transformation des événements, de la modification de l'identité de celui qui raconte... [10] »

Image dans un miroir du récit de Pierre X. Magnant, le journal de Ghezzo-Quénum rend explicite l'analogie entre le Québec et les pays colonisés du tiers monde ; il explore dans cette optique les thèmes de l'aliénation, de l'amnésie et de la perte d'identité. En même temps, le journal, qui raconte le viol de l'amante de Ghezzo-Quénum par Magnant, dévoile une autre dimension de la réalité ambiguë du Québec : son appartenance au monde des colonisateurs. Si en tant que pharmaciens-révolutionnaires-écrivains en pays colonisés Magnant et Ghezzo-Quénum sont des personnages-doubles, ils sont aussi, dans le contexte du journal, l'agresseur blanc et la victime noire.

En ce qui concerne les correspondances entre le récit de Magnant et le journal de Ghezzo-Quénum, l'on peut dire en général que ce qui était au premier plan

10. Entrevue accordée à Alain Pontaut, *la Presse,* 13 avril 1968, p. 29.

dans le récit de Magnant est mis à l'arrière-plan dans le journal, et que ce qui restait « caché » dans le récit de Magnant en constitue le sujet principal. Les correspondances principales entre les deux parties peuvent se résumer par le schéma suivant :

	RÉCIT DE MAGNANT		JOURNAL DE GHEZZO-QUÉNUM	
	surface	*arrière-plan*	*surface*	*arrière-plan*
traits de caractère du narrateur	violence destructivité	impuissance fatigue (Magnant comme victime du fédéralisme)	victime de l'agressivité de l'Autre	devient, par son impuissance à changer cette situation, capable de viol
l'espace-temps	le présent (déséquilibre fédéraliste)	le passé (ambiguïté échec) Londres	le passé (attaches à l'Europe) la Suisse	le présent colonial (aliénation culturelle)
nature du projet littéraire	tentative de dépassement	souvenir qui bloque l'accès à la lucidité	affrontement du souvenir traumatique	tentative d'ordonner et de maîtriser l'expérience

Tandis que, dans le récit de Pierre X. Magnant, l'énigme à résoudre était du ressort du roman policier, dans le journal de Ghezzo-Quénum il s'agit d'une énigme de la psyché, dont le déchiffrement ressemble à la « narco-analyse » pratiquée par le narrateur sur son amante violée. « Succession discontinue de cauchemars » (p. 171), les événements du journal traduisent en symbole, avec la condensation caractéristique du rêve, ce qu'on pourrait appeler le « complexe colonial » (exil psychologique, perte d'identité, scission culturelle). Si Olympe apparaît comme essentiellement passif, surtout par comparaison avec son double Pierre X. Magnant, ce n'est pas seulement parce qu'il est victime, mais parce que, rêveur éveillé, il assiste impuissant au déroulement hallucinant de ses propres fantasmes.

L'écriture, cependant — tentative de comprendre et de maîtriser l'expérience — est un acte positif, envisagé par Olympe comme une sorte de « thérapie » (p. 150).

L'événement central du journal — le viol de RR par Magnant — divise le texte en deux sections, que nous examinerons tour à tour. La première (p. 149-166), qui couvre la période entre l'arrivée d'Olympe et de RR en Suisse et le viol de RR à Lausanne, jaillit d'une angoisse associée à l'exil, et explore les modalités de l'exil psychologique du colonisé. La deuxième (p. 166-192) tourne autour du viol de RR, souvenir traumatique qu'il s'agit d'affronter afin de dépasser le « mal colonial ».

Le cauchemar de l'exil intérieur.— Produit d'une crise intérieure associée à la scission culturelle et précipitée par une situation d'exil physique, le journal s'ouvre peu de temps après le départ de l'Afrique et l'arrivée en Suisse du narrateur, « exilé à l'hôtel Touring » (p. 147). Son journal, daté avec minutie, sera une tentative de maîtriser le désemparement et l'angoisse, de « mettre de l'ordre dans cette débauche d'événements qui s'encombrent dans ma mémoire » (p. 147-148).

Déchiré entre deux cultures — celle de son continent natal et celle du colonisateur européen — Olympe ne se sent nulle part chez lui. Son ambiguïté vis-à-vis de la culture européenne rappelle celle de Pierre X. Magnant devant la culture anglaise, mais elle introduit en même temps par analogie le thème des attaches qui relient le Canadien français à la culture européenne. Pour Olympe, l'idée de *culture* semble synonyme de celle d'*Europe,* et ceci malgré sa conscience du processus de colonisation institutionnelle qu'il a subi : « J'ai fait mes études à Dakar (sale ville de blancs !) ; j'ai passé cinq ans à baver à Dakar pour finalement attraper un diplôme rédigé en latin par quelque Toucouleur qui enseigne son ignorance absolue à tous les boursiers africains... » (p. 11-12).

Ce révolutionnaire africain, qui « vénère » Bakounine et Thomas de Quincey (p. 9), s'identifie émotivement à Heinrich von Kleist (p. 151) et savoure avec délices la « bonne chère » européenne (p. 147), ressent son appartenance à l'Europe avec une telle intensité que la Suisse lui semble un miroir de son paysage natal et le lieu d'une existence antérieure. Le passage suivant, énigmatique au niveau de l'intrigue (Olympe et RR sont en Suisse ensemble *pour la première fois*), s'éclaire à la lumière de ce concept d'une « pré-existence » européenne au fond de la mémoire du colonisé. Comme dans *Prochain épisode,* le lac Léman, espace liquide de l'intériorité et du souvenir, semble cacher dans ses profondeurs la clé de l'énigme psychique : « *Tempo passato non rittorna piu ...* Mais nous, nous avons eu la bonne idée de revenir sur nos pas, repassant une seconde fois le Simplon [...] et, par un biais final, l'avenue d'Ouchy qui longe, lungolago, le lagon funéraire de mes souvenirs. Ce n'est pas devant le lac Léman que je me tiens, mais face au golfe de Guinée, dans cette marina éblouissante qui le retient d'envahir Lagos... » (p. 151-152).

Son engouement pour l'Europe s'accompagne chez Olympe d'un refus de sa propre culture qui est aussi un refus de soi. Intériorisant les stéréotypes de son peuple inventés par le colonisateur [11], il manifeste à plusieurs reprises un mépris de ses compatriotes qui ne se dissocie pas du sentiment de sa propre infériorité : « Je sais que les Fon sont très enclins à survaloriser tout ce qui est occulte ... » (p. 8) ; « J'ai été victime d'une stupide erreur judiciaire typique, hélas, de notre chère négritude » (p. 11) ; « ... j'ai bénéficié du conditionnement typiquement africanoïde à l'indolence... » (p. 149).

Sur le point de quitter son pays, cependant, Olympe se rend compte qu'il abandonne en même temps son passé, ses racines et toute possibilité de donner une signification à la trame de sa vie : « Une fois dans Lagos [...] j'ai commencé de me sentir exilé une fois pour toutes [...] Il me semblait que je venais de rompre à jamais avec toute antériorité [...] Tout enracinement préalable se noircissait dans les eaux sombres de MacGregor Canal... » (p. 151).

11. Selon Memmi, c'est une réaction typique du colonisé *(Portrait du colonisé,* p. 124-126).

Avec le déplacement physique d'Afrique en Europe, ces tensions refoulées surgissent des profondeurs de la psyché, créant une sensation d'angoisse qui se répercute sur le monde extérieur. Séparé de l'Afrique mais n'appartenant pas vraiment à l'Europe, Olympe se sent suspendu dans un vide intemporel, à mi-chemin entre deux mondes également étrangers : « Une césure irréversible fend ma vie en deux temps morts [...] Avant et après ! » (p. 148-149).

Vu l'ambiguïté culturelle d'Olympe, il n'est pas surprenant que ce soit RR, une femme blanche et blonde, qui lui semble incarner l'absolu. La disparition de RR à Lausanne signale l'écroulement des valeurs absolues et la plongée dans le relatif — univers hostile de liquidité, de noirceur, de glissement, de temps en allé : « Le temps passe ; la pluie m'imbibe progressivement, je ruisselle de partout, je glisse comme la chaussée sombre, tout fuit sur ma surface, tout s'en va [...] Il fera bientôt nuit et RR n'est pas encore rentrée ; elle n'a même pas donné signe de vie. L'heure crucifère me gruge seconde par seconde et me ruine. Le temps joue contre nous ! » (p. 155-156).

Un air de guitare espagnole diffusé par la radio, qui rappelle l'air *Desafinado* de *Prochain épisode,* semble résumer par sa mélancolie sombre et sauvage le déchirement de l'exil intérieur : « ... des pas anciens et regrettés voudraient jaillir de mes jambes noires et marteler le sol avec rage aux sons brisés de cette musique [...] Mais je suis un autre ; j'habite un hôtel ruisselant dont le fronton brisé à volutes regarde les Rochers de Mélise qu'on ne voit pas à cause de la pluie ininterrompue » (p. 156).

La scène de l'errance et de l'arrestation d'Olympe au moment même où, dans un autre quartier de la ville, Pierre X. Magnant est en train de violer RR, marque le point culminant du cauchemar de l'exil intérieur. Cherchant désespérément son amante, le narrateur se trouve égaré dans le « dédale » (p. 158) des rues « de plus en plus noires » (p. 157) qui conduisent vers le centre de Lausanne. Seul parmi des étrangers, il se sent diminué, désidentifié par le regard hostile de l'Autre : « À mon apparition, les clients se retournaient immanquablement. À tout coup, je me sentais un nègre égaré chez les blancs. La couleur de ma peau, je le savais trop bien, suffisait à expliquer cet effarement que je lisais sur tous les visages » (p. 157).

Sollicitant l'aide de la police, il voit tout se retourner contre lui ; car, du point de vue de la police suisse, ce n'est pas le blanc Pierre X. Magnant qui semble suspect, mais Olympe lui-même, qui n'a pas son passeport et qui, victime d'un trou de mémoire, ne se souvient même pas du nom de son hôtel. Encore une fois, l'Africain se sent jugé et condamné selon les critères d'une civilisation étrangère : « Le policier m'a fait je ne sais plus quelle allusion au vin blanc du pays. Cette insistance du policier m'a fait comprendre que ma façon de parler devait sans doute ressembler à celle d'un homme ivre ; sans doute, un nègre parle-t-il trop lentement et avec une articulation qui semble défectueuse, selon les critères des Européens ? » (p. 164).

Le cauchemar s'achève le lendemain matin lorsqu'un policier réveille Olympe pour lui annoncer que ses papiers sont en ordre et que RR dort paisiblement à l'hôtel. Ce moment de paix n'est cependant que le prélude à un autre cauchemar : la découverte du viol de RR.

Le viol et ses suites.— Symétrique par rapport au meurtre de Joan dans le cadre structural du roman, le viol de RR est non seulement le reflet au miroir, mais aussi le prolongement et le dépassement de sa métaphore jumelle. Sœurs et doubles, Joan et RR ramassent en elles les aspirations à la plénitude de Magnant et d'Olympe. Mais, comme le meurtre de Joan, le viol de RR marque la rupture définitive avec l'univers de la possibilité de *Prochain épisode ;* une distance désormais infranchissable sépare l'homme de tout absolu transcendant. Après le viol, le corps de RR, quoique encore ardemment désiré par Olympe, lui devient inaccessible : « Elle s'était réfugiée vers la tête du lit et continuait de me regarder droit dans les yeux comme si j'étais un autre, un ennemi » (p. 168). Encore plus que le meurtre, le viol suggère une corruption préalable de toute la structure de l'univers, une dégradation des valeurs qui le soutenaient jusque-là : « Cette obsession lancinante ne m'enlève pas mon désir. Néanmoins, un certain gâchis subsiste en moi ; oui, RR m'est désormais gâchée, je n'y peux rien » (p. 174).

Il va sans dire que cette tension entre l'absolu et le relatif déborde les cadres du drame métaphysique de l'individu, et que RR, comme sa sœur Joan et comme K de *Prochain épisode,* s'associe d'abord et surtout au pays de Québec, aimé mais « gâché » par une sorte de corruption antérieure. À ce niveau de signification, la transmutation de l'image du pays-cadavre (Joan) en celle du pays violé (RR) représente un dépassement, dans ce sens que la perspective *absolutiste* et désespérée qui est celle de la « fatigue culturelle » cède la place à une perspective historique : tenter, sur le mode imaginaire, de faire face au viol qui a traumatisé la nation canadienne-française.

Après le viol, RR sombre dans un état d'abrutissement et de semi-délire. Fixée sur le souvenir du viol, elle « circule comme une somnambule » dans un « dédale épuisant » (p. 177), oscillant entre le refus de ce qui lui est arrivé et le plaisir masochiste qu'elle ressent à se faire raconter tous les détails de l'événement. En effet, on ne saurait trouver de meilleure description des symptômes de désintégration psychique chez RR que la définition de la « fatigue culturelle » donnée par Aquin dans son article de 1962 : « l'autopunition, le masochisme, l'autodévaluation, la « dépression », le manque d'enthousiasme et de vigueur, autant de sous-attitudes dépossédées que des anthropologues ont déjà baptisées de « fatigue culturelle [12] ».

Si l'affaissement de RR est à l'image de l'état psychologique du Canada français, il semble peu douteux que la tentative d'Olympe pour guérir son amante

---

12. « La fatigue culturelle du Canada français », *Liberté,* vol. IV, n° 23, mai 1962, p. 314.

représente métaphoriquement l'esthétique révolutionnaire d'Hubert Aquin. De même que, pour nous amener à une plus grande lucidité, l'auteur de *Trou de mémoire* nous fait *décoller* du réel et suivre les méandres labyrinthiens de l'imaginaire, de même Olympe, en plongeant RR dans un état de torpeur narcotique, veut l'amener, par une série de questions dirigées, à l'affrontement et à l'extériorisation du souvenir qui bloque sa conscience.

Loin de réussir dans cette thérapie, Olympe succombera lui-même à la fascination du viol et en viendra à ce point d'impuissance totale où le viol lui apparaîtra comme le seul moyen de posséder celle qu'il aime : «... j'avais été sur le point de la violer, moi aussi : quelle horreur ! J'avais honte de moi, honte d'être capable de viol moi aussi [...] Moi qui m'étais toujours cru à l'abri de ce projet honteux, voilà que, l'espace d'un instant, je devenais cet être incroyable — rêvant de violer celle qu'il aime... » (p. 181). Avec cet aveu, les deux récits-miroirs du roman se rejoignent dans un trompe-l'œil qui clôt le cercle de l'intrigue en démontrant l'identité profonde entre Magnant et Olympe. Car si Olympe, par le fait même de son impuissance, se transforme en agresseur, du même coup la violence de Pierre X. Magnant apparaît comme l'expression d'une violence subie. L'agresseur et la victime se rejoignent : personnages interchangeables, ils représentent les deux visages des peuples colonisés.

Dès ce moment de fusion, les images du corps violé de RR font écho à celles du cadavre de Joan qui avaient obsédé Pierre X. Magnant. La « chambre obscure » de l'hôtel Windsor, où Magnant et Joan s'étaient rencontrés, devient la « chambre obscure, peu meublée » (p. 189) où dans son imagination Olympe voit se dérouler la scène du viol. L'image du cadavre nu de Joan, que Magnant avait essayé de rayer de sa mémoire en écrivant, est reprise dans la vision obsédante du matelas « nu et affreux », souvenir qui envahit la conscience d'Olympe, bloquant l'accès à l'avenir et produisant un état de désintégration mnémogène dont, hormis le suicide, l'amnésie semble la seule issue :

« Ce matelas indécent se tient en travers de mon existence comme un embâcle géant ; je me frappe sans cesse dessus [...] Ce lit taché endigue toute ma joie de vivre et fait fondre en larmes tous mes projets d'avenir. Je ne veux pas et pourtant : ce lit m'est inoubliable ... C'est là que j'ai perdu RR ; c'est là qu'elle a hurlé interminablement son plaisir ... Ah que ma mémoire se casse enfin, que la vie s'effrite et que cet édifice incertain de souvenirs soit réduit à néant, car je n'en peux plus ! » (p. 190).

La chambre d'hôtel, « chapelle sombre » (p. 184) où gît le corps détruit de RR, rappelle le laboratoire Redfern, « chapelle ardente » (p. 32), « temple byzantin où repose, sous les dalles fraîches du croisillon, le corps immobile de Joan » (p. 28). Et, comme le crime parfait dans le récit de Magnant (« une des nombreuses modalités du grand mystère de la transubstantiation [*sic*] » (p. 49), la tentative de revivre le viol apparaît à Olympe comme une « transubstantiation [*sic*] sacrilège » (p. 189).

Ainsi, dans le contexte de *Trou de mémoire,* le « crime parfait » — l'acte violent par lequel le révolutionnaire québécois tente de se libérer de la domination de son amante canadienne-anglaise — ne peut se comprendre que comme l'autre face du viol subi refoulé au fond de la mémoire collective. Ayant gardé une certaine distance par rapport à l'assassin Pierre X. Magnant, le lecteur se trouve soudain, par la voie de l'empathie qu'il a ressentie pour la victime Olympe Ghezzo-Quénum, dans la peau même de Magnant. Malgré lui, il a été amené à comprendre de l'intérieur la frustration et l'impuissance qui éclatent dans l'acte violent, et à situer dans son contexte historique la violence qui a marqué les années 1960 au Québec. Il est peut-être significatif que le seul critique à relever cette dimension politique dans le trompe-l'œil du roman soit un Canadien anglais, Gordon Sheppard, qui écrivait dans le *Telegram* de Toronto :

« Jusqu'à ce point, on a lieu de croire que *Trou de mémoire* est une exploration unidimensionnelle de la psyché révolutionnaire et de la façon dont les révolutionnaires eux-mêmes sont affectés par la violence qu'ils font aux autres. Ce n'est que vers la fin du livre que M. Aquin, dans une allusion saisissante au trompe-l'œil d'un tableau de Holbein, nous amène à voir que sa terrible intuition est l'image du viol — par le fait anglais — des Canadiens français, à travers la Conquête et la violence cachée [13]. »

---

13. « A Dilemma with no Exit ? », *Telegram*, 26 avril 1969. *(Traduction de l'Auteur.)*

La totalité formelle de *Trou de mémoire* représente donc une synthèse des « fragments » de la réalité historique et culturelle dans laquelle le roman s'insère. Cette entreprise de totalisation vise à combler le vide créé par la colonisation et à fournir un *contexte* pour l'art et pour l'action au Québec. Parce que la structure policière du roman oblige le lecteur à participer activement à l'élaboration de cette synthèse, celui-ci en vient peu à peu (comme l'éditeur) à se percevoir comme cocréateur de l'œuvre. Dans la « Note finale » du roman (p. 193-204), la rencontre entre l'auteur et le lecteur se consomme par la révélation de l'artificialité consciente de l'œuvre ; et, grâce à l'interaction de l'œuvre et de la réalité historique, une libération se produit.

La présence de l'auteur se fait particulièrement sentir dans cette partie du roman, où les deux survivants masculins de l'intrigue — Olympe et l'éditeur — se suicident, faisant de la femme-pays RR l'unique porte-parole de l'auteur et la seule représentante du lecteur. Avant la mort de l'éditeur, il est fortement suggéré que celui-ci n'est personne d'autre que le révolutionnaire Pierre X. Magnant, qu'on avait cru mort dans un accident d'automobile (p. 110). Dans une phrase qui reprend la thématique du passage de la mort à la résurrection, Olympe accuse l'éditeur d'avoir feint la mort afin de « ressusciter, pour œuvrer plus sûrement dans la parfaite clandestinité de la mort » (p. 200). Vu les nombreuses dénonciations du mensonge du texte de Magnant faites par l'éditeur, et l'incompréhension qu'il manifeste devant l'énigme de ce texte, la suggestion que Magnant et l'éditeur sont une seule et même personne n'a de sens que dans une perspective purement *littéraire,* qui reconnaît le texte littéraire comme artifice et les personnages romanesques comme divers masques de l'auteur.

Un dernier bouleversement de la chronologie du roman renvoie le lecteur hors du domaine littéraire vers la réalité historique. Au début de la « Note finale », l'éditeur nous apprend que les derniers événements racontés dans le journal de Ghezzo-Quénum « se sont passés en 1967 » (p. 193). Pourtant le journal, daté avec soin, couvre la période qui va du 14 mai au 8 juin 1966. Bien que ce saut temporel jusqu'en 1967 ne soit nullement nécessité par la logique interne de l'intrigue, il y a peu de doute qu'il corresponde au laps de temps écoulé pendant la composition de *Trou de mémoire* (à peu près deux ans). De plus, il permet de situer la dernière partie du roman — celle de la libération — aux alentours d'un événement historique qui, selon Aquin, a signalé de façon réelle et symbolique la libération de la psyché collective du peuple québécois : la visite du général de Gaulle à Montréal le 12 juillet 1967 [1]. La rencontre de l'éditeur et de Ghezzo-Quénum a lieu « le jour même qui a suivi le célèbre « Vive le Québec libre ! » lancé par le général de Gaulle du haut du balcon de l'hôtel de ville de Montréal » (p. 193).

Après la mort de l'éditeur et d'Olympe, RR prend la parole ; mais c'est une « nouvelle » RR, qui a changé de nom et de nationalité, qui s'est libérée de son passé et qui attend avec espérance la naissance d'un enfant dont le père est Pierre X. Magnant : « Comme [Joan] l'a fait, j'ai moi aussi changé de langue et je suis devenue une Canadienne française — québécoise pure laine ! Il a fallu beaucoup de morts pour abolir mon passé, tout ce passé. Mais maintenant qu'il est réduit à néant et que j'ai changé ma vie jusqu'à changer de nom, j'ai cessé à jamais

---

1. Selon Aquin, la visite du général de Gaulle a libéré chez les Canadiens français « une griserie d'être eux-mêmes, eux qui ne se souvenaient plus de l'avoir jamais été, un enthousiasme inattendu et positif, profondément symptomatique » (entrevue accordée à Alain Pontaut, *la Presse,* 13 avril 1968, p. 29).

d'être la pauvre folle qu'on a violée à Lausanne [...] Aujourd'hui, enceinte de quatre mois, je suis une autre femme : heureuse, détendue, nouvelle... » (p. 203).

Cette métamorphose de la femme-pays s'accomplit grâce à l'interaction libératrice de l'œuvre d'art et du réel historique. RR elle-même attribue sa libération au passage du temps (« Cela a pris quelques semaines, bien sûr... ») et à l'effet cumulatif de certains événements, y compris la violence (« Il a fallu beaucoup de morts pour abolir mon passé... »). En même temps, c'est par la lecture du roman — celui-là même que le lecteur tient entre ses mains et qu'il s'apprête à quitter — que RR a accédé à une nouvelle perception du réel et à une identité nouvelle : « En lisant ce livre, je me suis transformée : j'ai perdu mon ancienne identité et j'en suis venue à aimer celui qui, s'ennuyant follement de Joan, est venu à Lagos pour en retrouver l'image » (p. 203).

En lisant la série de textes qui constitue le « roman », RR, a trouvé la force d'affronter le viol subi à Lausanne. L'acte de la lecture, en comblant le trou de mémoire causé par ce traumatisme, l'a libérée d'un passé encombrant : « je sais ce qu'il a fait quand il m'a surprise sous cette marquise à Ouchy — bien que je n'aie jamais réussi à m'en souvenir par moi-même. Mais j'ai lu le journal d'Olympe ; et je crois tout ce qu'il raconte et même ce que je lui aurais racontée [sic] mais dont le souvenir s'est volatilisé » (p. 203).

Tournée maintenant vers un avenir nouveau, RR, tout en rejetant l'humiliation, la violence subie et la longue maladie de son passé, assure une continuité entre passé, présent et avenir par sa décision de donner à son enfant le nom du père : « je porte un enfant qui s'appellera Magnant — et jusqu'au bout, je l'espère, et sans avoir peur de son nom. Et je veux que mon enfant soit plus heureux que son père et qu'il n'apprenne jamais comment il a été conçu, ni mon ancien nom » (p. 204).

Tenant simultanément le rôle d'auteur, d'éditeur et de lecteur, RR regarde le texte d'un « point de vue final » (p. 201) qui, comme une grille placée sur une anamorphose, en révèle la « vérité raccourcie ». Cette vérité est indissociable du fait que le livre est un *produit,* consciemment ordonné par l'auteur et l'éditeur avant d'être offert à la consommation publique :

> « Ce roman secret est désormais sans secret pour moi : j'en saisis d'un seul regard l'histoire indécise, le style trop lent, le déroulement discontinu : véritable somme informelle, ce texte rallongé m'apparaît soudain si court parce que, tout simplement, je m'apprête à le quitter pour le confier aux presses et à ce public qui n'attend que l'instant de le dévorer, selon l'ordre que je lui ai inculqué et dans la succession que j'ai choisie... » (p. 201).

Par ces mots, la démystification du texte littéraire se consomme, et la boucle de l'entreprise romanesque est bouclée. Objet à la fois concret et imaginaire, qui n'existe en tant que littérature que grâce à l'effort conjugué de l'auteur et du lecteur, le livre est ici confié au public-milieu dont il est sorti, et dont il représente un moment de l'évolution culturelle. Bien que, comme tout ouvrage artistique, et notamment comme le tableau de Holbein, ce roman subira d'imprévisibles métamorphoses et assumera de nouveaux sens pour des publics éloignés dans le temps et l'espace, il est construit de telle façon qu'on ne saura le détacher de son milieu historique et culturel sans passer à côté de son sens premier : celui du dialogue amoureux et lucide entre un auteur et un peuple en voie vers la libération.

Comment conclure l'étude de deux ouvrages qui se définissent avant tout par leur ouverture ? Nous nous sentons un peu comme le narrateur de *Prochain épisode,* qui ne pouvait se résoudre à apposer le mot « Fin » à son manuscrit. C'est pour rester fidèle à l'esprit paradoxal d'Aquin que nous terminerons par un retour à notre point de départ, au texte où l'auteur souhaite pour lui-même et pour le peuple québécois la découverte du chemin qui mène au-delà de la « fatigue culturelle ». Car au fond notre poursuite de significations à travers la forme de *Prochain épisode* et de *Trou de mémoire* ne visait qu'à montrer que chacun de ces romans représente une étape dans le chemin vers l'enracinement et l'immanence.

Nous avons cherché à montrer comment *Prochain épisode* et *Trou de mémoire,* nés du milieu québécois des années 1960, agissent en retour sur ce milieu par la voie de la nouvelle perception qu'ils en donnent au lecteur. Édifices bâtis sur un vide qui est à la fois celui du monde contemporain et celui qui caractérise la conscience collective d'un peuple conquis, ils aident à dépasser ce vide en montrant que ce n'est pas une réalité absolue et immuable, mais plutôt le produit de circonstances historiques particulières. Bien que leurs perspectives contradictoires ne se réconcilient que dans un point de fuite qui se dérobe dans l'avenir historique, *Prochain épisode* et *Trou de mémoire* nous rapprochent de ce moment de réconciliation. Par leur forme-énigme, ils nous engagent dans un processus de découverte et de création au cours duquel nous en venons à rassembler les fragments de notre expérience et à saisir l'unité profonde de domaines apparemment opposés, tels l'art et la science, la politique et la vie intérieure, l'intellect et les émotions, le particulier et le général.

En janvier 1973, alors qu'il acceptait le Prix David, le plus grand honneur littéraire décerné par le gouvernement du Québec, Hubert Aquin a affirmé simplement : « Je suis fier d'être Québécois [2]. » Bien que l'odyssée de ce grand admirateur d'Homère l'emmène de plus en plus loin dans ce qu'il appelle « le gouffre du passé occidental [3] », il n'a pas pour autant perdu son sentiment d'être le Canadien français (ou le Québécois) typique : « Le Québécois errant aura, un jour, terminé son errance intolérable : il n'en peut déjà plus de rejoindre son port d'arrivée, il veut en finir, il se presse en moi et me dicte l'itinéraire incertain de son voyage terminal, de son retour [...] Il n'y a plus d'intrigue possible hors de cette hantise collective qui ressemble à l'espérance et au bonheur [4]. »

2. *Le Devoir,* 31 janvier 1973, p. 3.
3. *Point de fuite,* Montréal, Le Cercle du livre de France, 1971, p. 10.
4. « Littérature et aliénation », *Mosaic,* vol. II, n° 1, automne 1968, p. 50.

repères biographiques

1929   Naissance d'Hubert Aquin, le 24 octobre, rue Saint-André à Montréal. Études primaires à l'École Olier. Études à l'Externat classique Sainte-Croix. Études au Collège Sainte-Marie. Études à l'Université de Montréal. Licence de philosophie en 1951. Domaines de spécialisation : Husserl, Sartre.

1951-1954   Études à l'Institut d'études politiques de Paris.

1955   Septembre. *Passé antérieur* (téléthéâtre), créé à Radio-Canada.

1955-1959   Travail à Radio-Canada.

1959   *Le Choix des armes* (téléthéâtre). La programmation, prévue pour le 8 janvier, a été annulée, par suite d'une grève des réalisateurs à Radio-Canada.

1959-1963   Travail à l'Office national du film.

1960   Juillet. *On ne meurt qu'une fois* (téléthéâtre), créé à Radio-Canada.

1960-1964   Courtier en valeurs mobilières.

1960-1968   Militant dans le Rassemblement pour l'indépendance nationale.

1962   Novembre. *Oraison funèbre* (téléthéâtre), créé à Radio-Canada.

1963   Vice-président du R.I.N., région de Montréal.

1963   Entrevue avec Albert Memmi, à Paris, pour l'Office national du film.

1964   Juillet. Arrestation pour port d'armes. Internement à l'Institut Albert-Prévost.

1964   Octobre. Libération sous cautionnement.

1965   Novembre. Parution de *Prochain épisode* au Cercle du livre de France.

1965   Décembre. Acquittement.

1966   Mai. Départ pour la Suisse.

1966   Décembre. Expulsion de la Suisse, pour la raison officielle de « surpopulation étrangère ». Selon Aquin, la raison véritable de cette expulsion était ses positions idéologiques et ses activités politiques des années précédentes au Québec.

1967   Directeur national du R.I.N.

1967-1969   Professeur de littérature et directeur du département au Collège Sainte-Marie.

1968   Parution de *Trou de mémoire* au Cercle du livre de France. Prix du Gouverneur général refusé.

1968   Septembre. *Table tournante* (téléthéâtre), créé à Radio-Canada.

1969-1970   Professeur d'esthétique à l'Université du Québec à Montréal.

1969   Mars. *24 heures de trop* (téléthéâtre), créé à Radio-Canada.

1969   Parution de *l'Antiphonaire* au Cercle du livre de France. Prix du gouvernement du Québec.

1971   Parution de *Point de fuite* au Cercle du livre de France.

1971   29 mai. Démission du comité de direction de *Liberté,* pour raisons politiques.

1971-1972   Travail à l'Office national du film.

1972   Janvier. *Double sens* (téléthéâtre), créé à Radio-Canada.

1972   Septembre-décembre. Enseignement à l'Université de Buffalo.

1973   30 janvier. Lauréat du Prix David, décerné par le gouvernement du Québec.

éléments de bibliographie

1. Écrits d'Hubert Aquin

a) Articles et nouvelles

« Les fiancés ennuyés », *Quartier latin,* 10 décembre 1948, p. 4.

« Pèlerinage à l'envers », *Quartier latin,* 15 février 1949, p. 3.

« Envers de décor », *Quartier latin,* 25 février 1949, p. 3.

« Dieu et moi », *Quartier latin,* 29 novembre 1949, p. 3.

« Discours sur l'essentiel », *Quartier latin,* 9 décembre 1949, p. 3.

« Le jouisseur et le saint », *Quartier latin,* 24 janvier 1950, p. 1.

« Pensées inclassables », *Quartier latin,* 24 janvier 1950, p. 2.

« Tout est miroir », *Quartier latin,* 21 février 1950, p. 7.

« L'équilibre professionnel », *Quartier latin,* 14 mars 1950, p. 1.

« Le Christ ou l'aventure de la fidélité », *Quartier latin,* 21 mars 1950, p. 4.

« L'Assomption », *Quartier latin,* 7 novembre 1950, p. 2.

« Massacre des cinq innocents », *Quartier latin,* 17 novembre 1950, p. 3.

« La science ou l'amour ? », *Quartier latin,* 24 novembre 1950, p. 3.

« Recherche d'authenticité », *Quartier latin,* 2 mars 1951, p. 1.

« Complexe d'agressivité », *Quartier latin,* 12 mars 1951, p. 1.

« Les miracles se font lentement », *Quartier latin,* 16 mars 1951, p. 1.

« Les rédempteurs » (récit), *in Écrits du Canada français V*, 1959, p. 45-114.

« Qui mange du curé en meurt », *Liberté*, vol. III, n°s 15-16, 1961, p. 618-622.

« Comprendre dangereusement », *Liberté*, vol. III, n° 17, 1961, p. 679-680.

« Le bonheur d'expression », *Liberté*, vol. III, n° 19, 1961, p. 741-743.

« L'existence politique », *Liberté*, vol. IV, n° 20, février 1962, p. 67-76.

« Pour un prix du roman », *Liberté*, vol. IV, n° 22, avril 1962, p. 194-196.

« Les jésuites crient au secours », *Liberté*, vol. IV, n° 22, avril 1962, p. 274-275.

« La fatigue culturelle du Canada français », *Liberté*, vol. IV, n° 23, mai 1962, p. 299-325.

Entrevue avec Albert Memmi (« Décolonisation — Albert Memmi — Paris 1963 »), texte inédit de l'Office national du film.

« Essai crucimorphe », *Liberté*, vol. V, n° 4, juillet-août 1963, p. 323-325.

« Profession : écrivain », *Parti pris*, vol. I, n° 4, janvier 1964, p. 23-31.

« Le corps mystique », *Parti pris*, vol. I, n° 5, février 1964, p. 30-36.

« Révolution au Canada : critique d'un livre écrit par un ami », *Liberté*, vol. VI, n° 1, janvier-février 1964, p. 73-74.

« Le basic bilingue », *Liberté*, vol. VI, n° 2, mars-avril 1964, p. 114-118.

« Le pont — Chapitre VIII » (chapitre d'une nouvelle rédigée collectivement par les membres du comité de rédaction de *Liberté*), *Liberté*, vol. VI, n° 3, mai-juin 1964, p. 214-215.

« Commentaire », *in Littérature et société canadiennes-françaises*, deuxième colloque de la revue *Recherches sociographiques*, Québec, Les Presses de l'Université Laval, 1964, p. 191-193.

« L'art de la défaite », *Liberté*, vol. VII, n°s 1-2, janvier-avril 1965, p. 33-41.

« Calcul différentiel de la contre-révolution », *Liberté*, vol. VII, n° 3, mai 1965, p. 272-275.

« Préface à un texte scientifique », *Liberté*, vol. VIII, n° 1, janvier-février 1966, p. 3-4.

« Éloge de la mini-jupe », *Liberté*, vol. VIII, n° 2, mars-avril 1966, p. 184.

« La francité », *Liberté*, vol. IX, n° 1, janvier-février 1967, p. 76-78.

« Un âge ingrat », *Liberté*, vol. IX, n° 6, novembre-décembre 1967, p. 66-68.

« L'affaire des deux langues », *Liberté,* vol. X, n° 2, mars-avril 1968, p. 5-7.

« Quelle part doit-on réserver à la littérature québécoise dans l'enseignement de la littérature ? », *Liberté,* vol. X, n° 3, mai-juin 1968, p. 73-75.

« Littérature et aliénation », *Mosaic,* vol. II, n° 1, automne 1968, p. 45-52.

« De retour, le 11 avril » (nouvelle), *Liberté,* vol. XI, n° 2, mars-avril 1969, p. 5-19.

« La mort de l'écrivain maudit », *Liberté,* vol. XI, n°s 3-4, mai-juin-juillet 1969, p. 26-31.

« Considérations sur la forme romanesque d'*Ulysse,* de James Joyce », *in l'Œuvre littéraire et ses significations,* P. Pagé et R. Legris, édit., Montréal, Les Presses de l'Université du Québec, 1970, p. 53-66.

« L'écrivain et les pouvoirs », *Liberté,* vol. XIII, n° 2, mai-juin-juillet 1971, p. 89-93 (texte du discours où Aquin a annoncé sa démission de *Liberté*).

b) **Téléthéâtres**

« Table tournante » (1968), *in Voix et images du pays II,* Montréal, Les Éditions Sainte-Marie, 1969, p. 143-194.

« 24 heures de trop » (1969), *in Voix et images du pays III,* Montréal, Les Presses de l'Université du Québec, 1970, p. 279-336.

« Le choix des armes » (1959), *in Voix et images du pays V,* Montréal, Les Presses de l'Université du Québec, 1972, p. 189-237.

c) **Livres**

Prochain épisode, Montréal, Le Cercle du livre de France, 1965 ; Montréal, Éditions du Renouveau pédagogique, « Lecture Québec » (présenté et annoté par G. Beaudet), 1969.

Trou de mémoire, Montréal, Le Cercle du livre de France, 1968.

L'Antiphonaire, Montréal, Le Cercle du livre de France, 1969.

Point de fuite, Montréal, Le Cercle du livre de France, 1971.

11. Sur Hubert Aquin
(articles, entrevues)

ALLARD, Jacques, « *Prochain épisode* », *Parti pris,* vol. III, n° 5, décembre 1965, p. 60-63.

BÉLANGER, Jean, « *L'Antiphonaire* », *Études françaises,* vol. VI, n° 2, mai 1970, p. 214-219.

BERNARD, Michel, « *Prochain épisode* ou l'autocritique d'une impuissance », *Parti pris,* vol. IV, n°s 3-4, novembre-décembre 1966, p. 78-87.

BERTHIAUME, André, « Le thème de l'hésitation dans *Prochain épisode* », *Liberté,* vol. XV, n° 1, janvier-février 1973, p. 135-148.

BOUTHILLETTE, Jean, « Écrivain faute d'être banquier », *Perspectives,* 14 octobre 1967 ; repris dans *Point de fuite,* p. 13-20.

CLOUTIER, Normand, « James Bond + Balzac + Sterling Moss + ... = Hubert Aquin » (entrevue avec Aquin), *le Magazine Maclean,* vol. VI, n° 9, septembre 1966, p. 14, 41-42.

DÉSAULNIERS, Léo-Paul, « Ducharme, Aquin : conséquences de la mort de l'auteur », *Études françaises,* vol. VII, n° 4, novembre 1971, p. 398-409.

DIONNE, René, « *Trou de mémoire* », *Études françaises,* vol. IV, n° 4, novembre 1968, p. 444-447.

ÉTHIER-BLAIS, Jean, « Hubert Aquin — Témoin à charge », *in Signets II,* Montréal, Le Cercle du livre de France, 1967, p. 233-237.

FALARDEAU, Jean-Charles, « Hubert Aquin », *Liberté,* vol. X, n°s 5-6, septembre 1968, p. 88-90.

FAVREAU, Michèle, « Hubert Aquin, propos recueillis sans magnétophone », *la Presse,* 30 avril 1966, p. 11.

FOLCH, Jacques, « Entretien avec Hubert Aquin », *Liberté,* vol. VII, n° 6, novembre-décembre 1965, p. 505-507.

FOLCH, Jacques, « Claude Jasmin, Hubert Aquin », *Europe,* n°s 478-479, février-mars 1969, p. 65-68.

LEFÈBVRE, Jocelyne, « *Prochain épisode* ou le refus du livre », *in Voix et images du pays V,* Montréal, Les Presses de l'Université du Québec, 1972, p. 141-164.

LEGRIS, Renée, « Les structures d'un nouveau roman, *Prochain épisode* », *in Cahiers de Sainte-Marie I,* mai 1966, p. 25-32.

LÉONARD, Albert, « Un romancier virtuose : Hubert Aquin. À propos de *l'Antiphonaire* », *in l'Œuvre littéraire et ses significations,* P. Pagé et R. Legris, édit., Montréal, Les Presses de l'Université du Québec, 1970, p. 191-196.

MARCOTTE, Gilles, « Une bombe : *Prochain épisode* », *la Presse,* 13 novembre 1965 ; reproduit dans *les Bonnes Rencontres,* Montréal, H.M.H., « Reconnaissances », 1971.

PONTAUT, Alain, « Que la page ne soit plus la page » (entrevue avec Aquin), *la Presse,* 13 avril 1968, p. 29.

PRÉFONTAINE, Yves et Mireille BIGRAS, « *Prochain épisode,* le premier roman de Hubert Aquin », *Liberté,* vol. VII, n° 6, novembre-décembre 1965, p. 557-563.

SHEPPARD, Gordon, « A Dilemma with no Exit ? », *Telegram,* 26 avril 1969.

111. Ouvrages généraux

BALTRUŠAITIS, Jurgis, *Anamorphoses ou perspectives curieuses,* Paris, Olivier Perrin, 1955 ; nouvelle édition élargie : *Anamorphoses ou magie artificielle des effets merveilleux,* Paris, Olivier Perrin, 1969.

BERQUE, Jacques, *Dépossession du monde,* Paris, Seuil, 1964.

BOUTHILLETTE, Jean, *le Canadien français et son double,* Montréal, L'Hexagone, 1972.

BRUNET, Michel, « Trois dominantes de la pensée canadienne-française : l'agriculturisme, l'anti-étatisme et le messianisme », *in Écrits du Canada français III,* Montréal, 1957, p. 33-117 ; repris dans *la Présence anglaise et les Canadiens,* Montréal, Beauchemin, 1964, p. 113-166.

CHAMBERLAND, Paul, « Fondation du territoire », *Parti pris,* vol. IV, nᵒˢ 9-10-11-12, mai-août 1967, p. 13-42.

ECO, Umberto, *l'Œuvre ouverte,* Paris, Seuil, 1962.

ELIOT, T. S., *Selected Essays,* New York, Harcourt Brace, 1950.

FANON, Frantz, *les Damnés de la terre*, Paris, F. Maspero, 1961.

HEISENBERG, Werner, *la Nature dans la physique contemporaine*, Paris, Gallimard, «Idées», 1962.

LUKACS, Georges, *la Signification présente du réalisme critique*, Paris, Gallimard, 1960.

MARCOTTE, Gilles, *Une littérature qui se fait*, Montréal, H.M.H., 1968.

MEMMI, Albert, *Portrait du colonisé*, Paris, Jean-Jacques Pauvert, 1966.

REID, Malcolm, *The Shouting Signpainters*, Toronto, McClelland and Stewart, 1972.

SARTRE, Jean-Paul, *l'Être et le néant*, Paris, Gallimard, 1943.

SARTRE, Jean-Paul, *Critique de la raison dialectique*, Paris, Gallimard, 1960.

VAN SCHENDEL, Michel, « L'amour dans la littérature canadienne-française », *in Littérature et société canadiennes-françaises,* deuxième colloque de la revue *Recherches sociographiques,* Québec, Les Presses de l'Université Laval, 1964, p. 153-165.

WILLIAMS, Raymond, *The Long Revolution,* Londres, Chatto & Windus, 1961.

table des matières

Achevé d'imprimer à Montréal le 31 août 1973 par l'Imprimerie Jacques-Cartier Inc.